L'art du pardon, de la bonté et de la paix

DU MÊME AUTEUR

Périls et promesses de la vie spirituelle, La Table Ronde, 1998.

Le Petit Livre du Bouddha, La Table Ronde, 1999.

Dharma vivant, Vivez Soleil, 2001.

Après l'extase la lessive, La Table Ronde, 2001.

Jack Kornfield

L'art du pardon, de la bonté et de la paix

Traduit de l'américain
par Marianne Coulin

LA TABLE RONDE
7, rue Corneille, Paris 6e

Ce petit livre tout simple a été écrit au cours de l'été 2001, juste avant que ne déferle sur le monde une nouvelle vague de violence suite aux tragiques événements du terrorisme et de la guerre.

Je dédie toutes les vérités et les pratiques éternelles de ce livre au bénéfice de tous ceux qui ont souffert.

Que tous les êtres trouvent la voie de la paix.

Titre original : *The Art of Forgiveness, Lovingkindness, and Peace.*
A Bentam Book, 2002.

ISBN 2-7103-2596-9.

Les paroles du *Bouddha* nous offrent cette vérité :

~ La haine ne met jamais fin à la haine
Seul l'amour peut apaiser la haine.
Telle est la loi éternelle.
Tout comme une mère aimante
protège son seul et unique enfant,
prenez soin de vous-même
et de tous les êtres
avec un cœur sans limites.

Que moi-même et tous les êtres
soyons emplis de bienveillance.
Que moi-même et tous les êtres
soyons en sûreté et en bonne santé.
Que moi-même et tous les êtres
soyons détendus et en paix.
Que moi-même et tous les êtres
soyons libres et heureux.

Une invitation

Ce livre est une invitation :

Pour vous rappeler le pouvoir
de transformation
du pardon et de la bonté.
Pour vous rappeler
qu'en toutes circonstances
et quoi qu'il advienne,
la paix est possible dans votre cœur.

Les enseignements contenus dans ce livre reflètent la manière dont l'amour a été compris depuis des siècles. Ils offrent des pratiques simples et directes pour aider à cultiver ces qualités dans notre propre cœur.

Cette sagesse est essentielle pour tous ceux qui vivent à notre époque.

Les paroles du *Bouddha* nous offrent cette vérité :

~ La haine ne met jamais fin à la haine
Seul l'amour peut apaiser la haine.
Telle est la loi éternelle.

Nous nous trouvons souvent mêlés à des conflits qui viennent troubler la paix de notre esprit. Nous sommes confrontés à des situations difficiles et nous avons parfois le sentiment que nos problèmes sont insurmontables.

La douleur, la colère et la peur peuvent surgir en chacun et chacune de nous, dans les familles, les entreprises, les communautés et entre les nations.

Nous voulons trouver une issue à la souffrance.

Même dans les situations les plus terribles, le cœur peut être libre.

~ Nous qui avons vécu dans les camps de concentration, nous n'avons pas oublié ceux qui faisaient le tour des baraquements pour réconforter les autres, leur donner leur dernier morceau de pain... Ils n'étaient peut-être pas très nombreux, mais ils nous ont montré que l'on peut tout nous prendre, tout sauf la dernière de nos libertés humaines... la liberté de choisir notre esprit en toutes circonstances.

Viktor E. Frankl.

Le pardon et la compassion n'ont rien de sentimental ou de faible. Ils exigent du courage et de l'intégrité.

À eux seuls ils peuvent nous procurer la paix que nous cherchons.

~ Le véritable amour n'est pas pour les timorés.

Meher Baba.

Notre sagesse innée connaît cette vérité. Quand les textes bouddhiques s'adressent à nous en nous disant "Ô noblement nés", ils nous disent que nous sommes des fils et des filles du *Bouddha*. Ne doutez pas de votre bonté fondamentale. En dépit de toute la confusion et de la peur, vous êtes nés avec un cœur qui sait ce qui est juste, beau et aimant.

Selon les mots de l'analyste jungien
Robert A. Jonhson :

~ Curieusement, les gens résistent aux aspects nobles de leur ombre avec plus d'acharnement qu'ils ne cachent leurs parts d'ombre. Il est plus troublant de découvrir que vous avez une profonde noblesse de caractère que de découvrir que vous êtes un clochard.

Lorsqu'on se regarde soi-même avec sincérité, on peut trouver la possibilité d'être plus compatissant, plus éveillé et plus libre.

~ S'il n'était pas possible de libérer le cœur
des entraves du désir, de la haine et de la peur,
je ne vous enseignerais pas comment y parvenir.

Le Bouddha.

La colère, les reproches, le conflit et les ressentiments proviennent de notre peur. Quand nous avons peur, notre corps se tend, notre cœur se serre et notre esprit est possédé. Nous ne pouvons pas vivre avec sagesse.

Le pardon nous libère du pouvoir de la peur. Il nous permet de voir avec des yeux pleins de bonté en demeurant dans la sagesse du cœur.

Vivez dans la joie et l'amour,
même si les autres sont pleins de haine.

Vivez dans la joie et la santé,
même parmi ceux qui souffrent.

Vivez dans la joie et la paix,
même parmi ceux qui sont inquiets.

Regardez en vous-même, restez calme et
immobile.
Libéré de la peur et de l'attachement,
vous connaîtrez la douce joie de la voie.

Le Bouddha.

Comment commencer ?

On peut apprendre à tout moment à renoncer à la haine et à la peur. On peut demeurer dans la paix, l'amour et le pardon. Il n'est jamais trop tard.

Et pour cultiver et renforcer la compassion naturelle qui est en nous, il faut pratiquer.

Savoir que l'amour et le pardon sont possibles ne suffit pas. Encore faut-il apprendre à les rendre concrets dans notre vie.

~ La vérité, c'est que nous ne sommes pas encore libres ; nous avons simplement obtenu la liberté d'être libres.

Nelson Mandela.

Le pardon

Traditionnellement le travail du cœur commence avec le pardon.

Le pardon est un préalable indispensable
à toute guérison.
Il faut commencer par comprendre
ce qu'est vraiment le pardon.
Ensuite, nous verrons comment le mettre en pratique,
comment pardonner aussi bien
à nous-mêmes qu'aux autres.

Pardonner, c'est lâcher prise des souffrances et des trahisons du passé, c'est déposer le fardeau de la souffrance et de la haine que nous portons.

Le pardon fait honneur à la dignité la plus élevée du cœur. Chaque fois que nous sommes perdus, il nous ramène à l'essence de l'amour.

Avec le pardon, nous n'avons plus aucune envie d'attaquer ou de souhaiter du mal à quelqu'un.

Chaque fois que nous pardonnons, que ce soit à petite échelle à la maison ou à grande échelle entre nations, nous nous libérons du passé.

Il est difficile d'imaginer un monde sans pardon.

Sans pardon, la vie serait insupportable.

Sans pardon, nos vies sont enchaînées, nous obligeant à porter les souffrances du passé et à les répéter sans pouvoir nous libérer.

Méditez sur ce dialogue entre deux anciens prisonniers de guerre :

"As-tu déjà pardonné à tes ravisseurs ?
– Non, pas encore !
– Alors, tu es resté en prison, n'est-ce pas ?"

On commence le travail du pardon en se pardonnant à soi-même.

Vous continuez peut-être à souffrir terriblement du passé tandis que ceux qui vous ont fait du tort sont en vacances.

Il est douloureux de haïr. En ne pardonnant pas, nous ne faisons que perpétuer l'illusion que la haine peut guérir notre souffrance et celle des autres.

En pardonnant, nous lâchons prise et soulageons notre cœur.

Même ceux qui ont connu les pires situations, les conflits et les tragédies de la Bosnie, du Cambodge, du Rwanda, de l'Irlande du Nord ou de l'Afrique du Sud, ont dû trouver un chemin vers la réconciliation. C'est aussi vrai pour l'Amérique. C'est la seule façon de guérir.

Cela implique parfois de trouver le courage de pardonner l'impardonnable, de libérer consciemment le cœur de l'emprise des actes terribles d'un autre.

Nous devons apprendre à nous défaire du passé, quel que soit le traumatisme subi.

Le passé n'est plus.

Pardonner, c'est renoncer à tout espoir d'un meilleur passé.

Il est parfois nécessaire d'agir avec force pour se défendre. Notre action devra alors être empreinte de compassion, sans quoi notre propre haine va empoisonner la réponse. Nous pouvons affronter les tragédies du monde avec ce que *Gandhi* appelait la "force de l'âme".

~ Si vous voulez voir des héros,
regardez ceux qui peuvent aimer
au milieu de la haine.
Si vous voulez voir des braves,
regardez ceux qui peuvent pardonner.

Bhagavad Gita.

Souvenez-vous de ces vérités :

LE PARDON N'A RIEN DE FAIBLE NI DE NAÏF.

Le pardon exige du courage et de la clarté ; il n'a rien de naïf. Les gens croient à tort que pardonner, c'est simplement "pardonner et oublier" une fois pour toutes. Ce n'est pas la sagesse du pardon.

LE PARDON NE VIENT PAS TOUT DE SUITE.

Lorsqu'une grave injustice a été commise, il faut parfois un long processus de chagrin, d'indignation, de tristesse, de perte et de douleur avant d'arriver à pardonner.

Pardonner vraiment, ce n'est pas passer l'éponge d'une manière superficielle. Ce n'est pas non plus une tentative maladroite pour réprimer ou ignorer notre douleur. Rien ne presse. Le pardon est un processus profond qui va se répéter longtemps dans notre cœur pour honorer le chagrin et la trahison, et qui va prendre le temps de mûrir jusqu'au jour où nous serons vraiment prêts à pardonner.

LE PARDON N'OUBLIE PAS PLUS QU'IL NE CONDAMNE LE PASSÉ.

Le pardon voit les choses avec sagesse. Il est prêt à reconnaître ce qui est injuste, nuisible et malfaisant. Il reconnaît courageusement les souffrances du passé et comprend les conditions qui les ont rendues possibles. Il y a de la force dans le pardon. En pardonnant, nous pouvons aussi dire : "Je n'accepterai plus jamais que cela se reproduise." Nous pouvons décider de ne plus jamais accepter qu'on nous fasse du mal ou que du mal soit fait à autrui.

PARDONNER NE SIGNIFIE PAS QU'IL FAUT CONTINUER À VOIR CEUX QUI NOUS ONT FAIT DU MAL.

Dans certains cas, la meilleure chose à faire est peut-être de mettre fin à notre relation, de ne plus jamais parler ou avoir de contact avec la personne qui nous a fait du tort. Il se peut aussi que dans le processus du pardon, la personne qui nous a fait souffrir ou qui nous a trahi souhaite se racheter, mais même dans ce cas, rien ne nous oblige à nous exposer à de nouvelles souffrances.

En définitive, pardonner signifie ne jamais exclure une personne de son cœur.

Si nous pouvions lire l'histoire secrète de nos ennemis, nous y trouverions assez de peine et de souffrance pour désarmer toute hostilité.

Henry Wadsworth Longfellow.

Trouver un moyen de nous pardonner à nous-mêmes est l'une des tâches les plus essentielles que nous ayons à accomplir.

Tout comme les autres, nous avons été prisonniers de la souffrance.

En regardant notre vie honnêtement, nous pouvons voir les souffrances qui nous ont conduits à mal agir. C'est pourquoi nous devons nous pardonner à nous-mêmes ; nous pouvons considérer la souffrance que nous avons infligée aux autres avec compassion. Sans cette indulgence, nous vivrons notre propre vie en exil.

On ne peut se libérer des souffrances du passé tant qu'on ne les a pas touchées avec guérison et pardon.

~ La vérité de notre enfance est inscrite dans notre corps. Nous pouvons la réprimer, mais nous ne pourrons jamais la changer. Notre intellect peut être trompé, nos sentiments manipulés, nos conceptions troublées et notre corps mystifié par des médicaments. Mais un beau jour, notre corps va nous présenter l'addition car il est incorruptible comme un enfant qui, l'esprit entier, n'accepte aucun compromis ni aucune excuse. Il n'aura de cesse de nous tourmenter jusqu'à ce que nous cessions de fuir la vérité.

Alice Miller.

Nous avons tous été aveugles, nous avons tous souffert.

~ *Pema Chödrön* raconte cette histoire au sujet d'une jeune femme qui s'était retrouvée dans une petite ville du Moyen-Orient, entourée de gens qui la raillaient, l'insultaient et menaçaient de lui jeter des pierres, à elle et à son ami, juste parce qu'ils étaient américains.

Bien sûr, elle a eu très peur et ce qui lui est arrivé est important. Mais soudain, elle s'est identifiée à tous ceux qui, dans l'histoire, se sont fait rejeter ou haïr. Elle a compris ce que cela faisait d'être méprisé pour une raison ou une autre : groupe ethnique, origine raciale, préférence sexuelle, genre. Ce fut un choc pour elle et à travers cette ouverture, elle a pu éprouver ce que ressentaient des millions de personnes opprimées et voir les choses autrement. Elle a même pris conscience qu'elle faisait partie de la même humanité que ceux qui la détestaient. Ce sentiment de lien profond, d'appartenance à la même famille, est l'éveil du grand cœur de la compassion.

A*llan Wallace* illustre cette vérité tirée des enseignements tibétains :

~ Imaginez que vous marchez sur le trottoir, les bras chargés de courses, quand soudain quelqu'un vous rentre dedans. Vous tombez et toutes vos courses se retrouvent éparpillées par terre. Vous vous relevez de la flaque d'œufs cassés et de jus de tomate, prêt à crier : "Mais quel imbécile ! Ça ne va pas la tête ! Vous êtes aveugle ou quoi ?" Et tandis que vous reprenez votre souffle, vous vous apercevez que l'homme qui vous est rentré dedans est effectivement aveugle. Il est là, les quatre fers en l'air, au beau milieu des courses renversées. Votre colère disparaît aussitôt, remplacée par l'envie de l'aider. "Vous êtes blessé ? Je peux vous aider ?" C'est ce que nous vivons. Mais à partir du moment où nous comprenons clairement que la source de la disharmonie et de la détresse dans le monde est l'ignorance, nous pouvons ouvrir la porte de la sagesse et de la compassion.

Quoi qu'il ait pu se passer, nous pouvons toujours revenir à la grandeur du cœur.

Nous avons tous entendu parler du pouvoir mystérieux de la compassion et du pardon dans la vie des autres. Chaque fois que nous sommes inspirés par de tels récits, cela nous rappelle que nous pouvons nous aussi pardonner.

R*oberto de Vicenzo*, le célèbre joueur de golf argentin, venait de remporter un tournoi. Après avoir reçu son chèque et souri devant les caméras, il passa prendre ses affaires dans le pavillon et se prépara à partir. Puis, alors qu'il se dirigeait vers sa voiture qui était garée au parking, une jeune femme s'approcha de lui. Elle le félicita pour sa victoire et lui expliqua que son bébé était gravement malade et qu'il allait bientôt mourir.

De Vicenzo, touché par son histoire, prit un stylo pour écrire le nom de cette femme sur le chèque qu'on venait de lui remettre afin qu'elle puisse l'endosser et l'encaisser. "Passez quelques belles journées avec votre bébé", lui dit-il en lui glissant le chèque dans la main.

La semaine suivante, alors qu'il déjeunait dans un club de golf à la campagne, un officiel de la fédération vint le voir à sa table. "Des hommes du parking où vous étiez la semaine dernière sont venus me dire que vous avez rencontré une jeune femme après le tournoi." *De Vicenzo* acquiesça.

"Il faut que je vous dise quelque chose, dit l'officiel, cette femme est toquée. Elle n'est pas mariée. Elle n'a pas d'enfant malade. Elle vous a eu, mon ami.

– Vous voulez dire qu'il n'y a pas de bébé en train de mourir ? demanda *de Vicenzo*.

– C'est cela.

– C'est la meilleure nouvelle que j'aie entendue de la semaine", répliqua *de Vicenzo*.

Le cœur est soulagé chaque fois que l'on pardonne ou qu'on nous pardonne, même dans les circonstances les plus douloureuses.

Autrefois, à Hawaii, lorsqu'une personne avait rompu un terrible tabou ou était accusée d'un délit, il y avait toujours une issue. Quel que soit le délit commis, si cette personne pouvait se rendre aux murs de lave de Puahonua, le Temple de Refuge du côté de l'océan, les prêtres offraient un rituel de purification et de pardon. Elle était ensuite autorisée à rentrer chez elle saine et sauve.

Dans le temple du pardon, on nous rappelle notre propre bonté

Si seulement nous pouvions nous aider les uns les autres à bâtir des temples de pardon au lieu de prisons.

Nous en sommes capables.

Dans nos cœurs.

Dans la tribu des Babemla en Afrique du Sud, quand une personne agit d'une manière irresponsable ou injuste, on la met toute seule au centre du village sans l'attacher. Toutes les activités sont interrompues et tout le monde dans le village, les hommes, les femmes et les enfants, se rassemblent pour former un large cercle autour d'elle. Ensuite, chaque personne de la tribu va s'adresser à elle, une par une, pour lui rappeler les bonnes choses qu'elle a faites dans sa vie. Chaque incident et chaque expérience, qui sont rappelés avec précision et force détails, sont pris en compte. Tout le monde prend le temps de rappeler consciencieusement toutes les qualités, les bonnes actions, les forces et la gentillesse dont cette personne a fait preuve. Cette cérémonie tribale dure souvent plusieurs jours. À la fin, le cercle tribal est brisé, une fête est célébrée et la personne est symboliquement et littéralement accueillie à nouveau dans la tribu.

Le maître soufi *Pir Vilayat Khan* nous enseigne :

~ Dépassez toute amertume parce que vous n'avez pas atteint la somme des douleurs qui vous a été confiée.

Comme la mère du monde porte la douleur dans son cœur, vous partagez une partie de cette souffrance cosmique et vous êtes appelé à la rencontrer dans la joie au lieu de vous apitoyer sur vous-même.

Même dans des circonstances extrêmes, une transformation du cœur est toujours possible.

Un jour, dans le train allant de Washington à Philadelphie, je me suis retrouvé assis à côté d'un Noir américain qui avait travaillé pour le département d'État en Inde. Il avait quitté ce poste pour s'occuper d'un programme de réhabilitation pour jeunes délinquants dans le district de Columbia. La plupart des jeunes avec qui il travaillait avaient fait partie d'un gang et commis un meurtre.

Un garçon de quatorze ans qu'il suivait avait tiré sur un adolescent innocent, simplement pour prouver son courage au gang. Tout au long du procès, la mère de la victime resta silencieuse et impassible jusqu'au verdict. Quand le jeune fut déclaré coupable du meurtre, elle se leva lentement et, fixant le garçon, elle lui annonça : "Je vais te tuer." Le jeune fut ensuite placé dans un centre spécialisé où il devait passer plusieurs années.

Au bout de six mois, la mère de la victime rendit visite au meurtrier. Avant de commettre ce crime, ce jeune vivait dans la rue et, depuis qu'il était en pison, il n'avait eu aucune visite. Ils parlèrent pendant un bon moment et, en partant, elle lui donna un peu d'argent pour qu'il puisse s'acheter des cigarettes. Puis elle commença à venir le voir plus régulièrement. Elle lui apportait à manger et de petits cadeaux. Vers la fin de sa peine de trois ans, elle lui demanda ce qu'il comptait faire en sortant. Il n'en avait aucune idée, aussi lui proposa-t-elle de l'aider en lui trouvant un travail dans l'entreprise d'un ami. Puis elle lui demanda où il pensait vivre et, comme il n'avait pas de famille, elle lui proposa d'utiliser provisoirement une pièce inoccupée dans sa maison.

Il y vécut pendant huit mois, mangeant ce qu'elle cuisinait et travaillant dans cette entreprise. Un soir, elle l'appela dans le salon pour parler. Elle s'assit en face de lui et marqua une pause. Puis elle commença :

“Tu te souviens, au tribunal, quand j'ai dit que j'allais te tuer ?

– Bien sûr, répondit-il.

– Eh bien, dit-elle, c'est ce que j'ai fait. Je ne voulais pas que le garçon qui a tué mon fils sans raison puisse rester vivant sur cette terre. Je voulais qu'il meure. C'est pour cela que j'ai commencé à te rendre visite et à t'apporter des petites choses. C'est pour cela que je t'ai trouvé un travail et que je t'ai proposé de venir habiter chez moi. C'est comme cela que j'ai entrepris de te changer. Ce garçon a maintenant disparu. Et maintenant je voudrais te proposer, comme mon fils est parti et que son assassin n'est plus non plus, de rester ici. J'ai de la place et j'aimerais t'adopter si tu le veux bien. »

C'est ainsi qu'elle devint la mère du meurtrier de son fils, la mère qu'il n'avait jamais eue.

Nous n'avons peut-être pas vécu une histoire aussi dramatique, mais nous avons tous été trahis.

Nous devons tous commencer là où nous sommes. Que ce soit dans de petits actes ou de grandes actions, dans notre propre famille et notre communauté, nous aurons à pardonner encore et encore avec patience.

~ Ne traite pas légèrement le bien en te disant : "Je ne l'atteindrai jamais." Le pot s'emplit goutte à goutte, ainsi le sage, peu à peu, s'emplira de bonté.

Dhammapada.

Méditation sur le pardon

Il existe une pratique formelle de méditation qui peut nous aider à cultiver la capacité de pardonner, et qui consiste à demander pardon de trois manières. Dans un monastère bouddhiste, on répète cette pratique des centaines de fois jusqu'à ce qu'elle devienne naturelle dans le cœur.

Asseyez-vous confortablement, laissez vos yeux se fermer et votre respiration devenir naturelle. Laissez votre corps et votre esprit se détendre. Dirigez doucement votre souffle dans la zone du cœur et sentez toutes les barrières que vous avez érigées et les émotions que vous portez parce que vous n'avez pas pardonné – à vous-même ou à autrui. Ressentez la douleur que provoque un cœur fermé. Puis, en respirant doucement, commencez à demander pardon et à pardonner en récitant les paroles qui suivent, en laissant les images et les sentiments qui apparaissent s'approfondir à mesure que vous les répétez.

Se pardonner pour le mal que l'on a fait :

De bien des manières, j'ai blessé et fait du mal aux autres. Je les ai trahis ou abandonnés, je les ai fait souffrir, consciemment ou non, parce que moi-même j'éprouvais de la souffrance, de la peur, de la colère et de la confusion.

Souvenez-vous de la manière dont vous avez blessé les autres, visualisez ces scènes du passé. Voyez et ressentez la souffrance que vous avez causée du fait de votre propre peur et de votre propre confusion. Ressentez votre tristesse et vos regrets. Sentez qu'enfin vous pouvez déposer ce fardeau et demander pardon. Prenez le temps qu'il vous faut pour visualiser chaque souvenir qui continue d'accabler votre cœur. Et pour chaque personne qui vous vient à l'esprit, dites :

Je te demande pardon, je te demande pardon.

Se pardonner à soi-même :

De bien des manières, je me suis causé du tort à moi-même et je me suis blessé. Bien des fois, par la pensée, la parole ou l'action, consciemment ou non, j'ai manqué de loyauté envers moi-même, je me suis rejeté.

Percevez votre propre corps, soyez conscient de votre vie si précieuse. Voyez de quelles manières vous vous êtes causé du tort, vous vous êtes fait du mal. Visualisez ces situations, souvenez-vous-en. Ressentez la souffrance que cela vous a causé et sentez que vous pouvez déposer ces fardeaux. Pardonnez-vous pour toutes les fois où vous avez pu faire du mal, une par une. Répétez à votre intention :

Pour toutes les fois où je me suis fait du tort à moi-même par l'action ou l'inaction, à cause de la peur, de la douleur ou de la confusion, je me pardonne du fond du cœur. Je me pardonne, je me pardonne.

Pardonner à ceux qui nous ont blessés ou fait du tort :

On m'a blessé et meurtri, injurié ou abandonné, par la pensée, la parole ou les actes, consciemment ou non et de bien des façons.

Nous avons tous été blessés.

Remémorez-vous les situations où l'on vous a blessé, revoyez-les en esprit. Ressentez la souffrance que ce passé vous a fait porter et sentez que vous pouvez vous décharger de ce fardeau en pardonnant, si votre cœur s'en sent capable. Maintenant, dites-vous à vous-même :

À présent, je me souviens des nombreuses manières dont les autres m'ont blessé, offensé ou fait du tort, à cause de la peur, de la souffrance, de la confusion et de la colère qui sont en eux. J'ai porté trop longtemps cette souffrance dans mon cœur. Si je m'en sens capable, je leur accorde mon pardon. À ceux qui m'ont fait du tort, je pardonne. Je vous pardonne.

Répétez doucement ces trois formules de pardon jusqu'à ce que vous sentiez une libération dans votre cœur. Si vous avez beaucoup souffert, vous ne ressentirez peut-être pas de libération mais uniquement le poids, l'angoisse ou la colère qui étaient en vous. Soyez bienveillant face à ces ressentis. Pardonnez-vous de ne pas être prêt à lâcher prise et à passer à autre chose. On ne peut pas se forcer à pardonner. Continuez simplement cette pratique et laissez les mots et les images œuvrer progressivement à leur manière. Avec le temps, la méditation sur le pardon deviendra partie intégrante de votre vie, vous pourrez vous libérer du passé et ouvrir votre cœur à chaque nouvel instant avec une sage bienveillance.

D'autres pratiques qui favorisent le pardon :

Les pratiques du lâcher-prise, du chagrin et de la réconciliation viennent en complément du travail de pardon. Chacune d'elles offre une forme sage et simple, un langage bienveillant pour encourager le cœur à lâcher prise, à guérir et à trouver la paix.

Laissez votre intuition vous guider vers l'une de ces méditations. Pratiquez-la aussi longtemps que vous en avez besoin, puis, quand vous serez prêt, revenez à la pratique du pardon.

Méditation sur le lâcher-prise

~ Si vous renoncez un peu,
Vous aurez un peu de bonheur.
Si vous renoncez beaucoup,
Vous aurez beaucoup de bonheur.
Si vous renoncez totalement,
Vous serez libre.

Ajahn Chah.

Il est essentiel de renoncer si l'on veut vivre sa vie avec sagesse. La capacité d'abandonner est le chemin de la liberté. Ce n'est qu'en lâchant les espoirs, les peurs, la souffrance, le passé et les histoires qui ont une emprise sur nous que nous pourrons apaiser notre esprit et ouvrir notre cœur.

Nous n'avons pas à craindre de lâcher prise. Nous pouvons faire confiance au courage et à la vulnérabilité de notre cœur pour rencontrer la vie telle qu'elle est ; nous pouvons être en paix avec nous-mêmes, quelles que soient les circonstances. Et à travers cet abandon, le terrain tendre de l'honnêteté, de la guérison et de l'amour nous permettra de surmonter les épreuves du monde en perpétuel changement.

Souvenez-vous que lâcher prise, ce n'est pas perdre la connaissance que nous avons acquise du passé. La connaissance du passé est toujours en nous. Lâcher prise, c'est abandonner les images et les émotions, les rancunes et les peurs, les attachements et les déceptions du passé qui nous lient l'esprit. C'est un peu comme de vider la tasse avant de la remplir : lâcher prise nous rend libres de recevoir après avoir retrouvé la fraîcheur, la sensibilité et la conscience.

Le lâcher-prise n'a rien à voir avec l'aversion ou la lutte pour se débarrasser de quelque chose. On ne peut abandonner véritablement ce à quoi on résiste. Ce à quoi nous résistons et que nous craignons en secret nous poursuit, quand bien même nous le rejetons. Pour lâcher prise de la peur ou d'un traumatisme, nous avons besoin de les reconnaître pour ce qu'ils sont. Nous avons besoin de les sentir pleinement et d'accepter que c'est ainsi. Les choses sont telles qu'elles sont. Lâcher prise, c'est d'abord laisser être.

Quand nous apprenons à laisser les choses être, elles perdent peu à peu de leur emprise, elles cessent de nous perturber.

Le fait de laisser être ce qui est vrai crée de l'espace dans notre corps et dans notre esprit ; nous respirons et nous trouvons la douceur et la paix. En acceptant la vérité, nous devenons libres. Et nous pouvons alors nous demander : "Dois-je continuer à rejouer cette histoire ? Dois-je continuer à m'accrocher à ces pertes, à ces sentiments ? N'est-ce pas le moment de les laisser partir ?" Le cœur saura.

Il y a un cycle organique dans le lâcher-prise. Nous le ressentons comme une sagesse qui sait qu'il est temps de passer à autre chose, de se libérer du passé et de revenir en douceur au présent. En lâchant prise nous retrouvons une attitude d'ouverture faite d'honnêteté et de simplicité.

Asseyez-vous confortablement. Portez doucement votre attention sur votre corps et votre respiration. Détendez-vous. Ancrez-vous dans le présent.

Portez maintenant à votre conscience l'histoire, la situation, les sentiments, les réactions dont il est temps de vous défaire. Nommez-les (trahison, tristesse, anxiété, etc.) et laissez-leur tout l'espace nécessaire, laissez-les flotter sans résistance, dans un cœur de compassion. Continuez à respirer. Demandez-vous s'il est vraiment sage de vous libérer de ce passé. Ressentez les bienfaits et le bien-être que ce lâcher-prise va vous apporter. Dites-vous et répétez-vous : *lâcher prise, lâcher prise*.

Relâchez le corps et le cœur et laissez tous les sentiments qui surgissent se déverser dans la terre. Sentez comment ces sentiments peuvent être évacués tout comme l'eau s'écoule d'une baignoire. Ressentez l'espace qui se fait jour à mesure que vous lâchez prise, voyez comment le cœur s'adoucit et le corps s'ouvre.

Dirigez maintenant votre esprit vers l'avenir, quand cette situation aura été libérée. Ressentez la liberté, l'innocence et le bien-être que ce lâcher-prise peut vous apporter. Dites-vous *lâcher prise* plusieurs fois. Restez assis en silence et observez si des sentiments réapparaissent. Chaque fois qu'ils reviennent, respirez doucement comme si vous vouliez les saluer et dites-leur avec bienveillance : *Je vous ai laissés partir.*

Si les images et les sentiments reviennent plusieurs fois, continuez à pratiquer et vous verrez qu'ils vont disparaître peu à peu. L'esprit finit par faire confiance à l'espace auquel le lâcher-prise nous donne accès.

Votre cœur va devenir de plus en plus léger et vous serez libre.

Méditation sur le chagrin

~ Après de fortes pluies, quand les nuages d'orage se dispersent, ne voyez-vous pas comme ils se balaient d'eux-mêmes pour disparaître complètement ?

Ghalib.

Le chagrin est l'une des réponses naturelles du cœur face à la perte. Lorsqu'on a beaucoup de chagrin, on se permet de ressentir la vérité de la peine que l'on éprouve, le poids de la trahison ou de la tragédie dans notre vie. De par notre volonté à faire le deuil, nous reconnaissons lentement, nous intégrons et nous acceptons la vérité de nos pertes. Parfois, la meilleure façon de lâcher prise consiste à pleurer.

Il faut du courage pour avoir du chagrin et honorer ainsi son affliction. On peut pleurer avec des larmes ou dans un silence méditatif, en priant ou en chantant. En touchant la douleur causée par des chagrins récents ou anciens, nous nous retrouvons face à notre vulnérabilité humaine, impuissants et sans espoir. Ce sont les nuages d'orage du cœur.

La plupart des sociétés traditionnelles offrent des rituels et un soutien de la communauté pour aider ceux qui traversent le chagrin et la perte. Nous avons besoin de respecter nos larmes. En ne prenant pas ce temps, nous allons continuer à nous blinder et à rester insensibles, mais notre cœur ne pourra pas apprendre et grandir des chagrins du passé.

Pour méditer sur le chagrin, asseyez-vous seul ou avec un ami avec qui vous vous sentez bien. Prenez le temps de créer une atmosphère de soutien. Quand vous vous sentez prêt, commencez par être attentif à votre respiration. Sentez votre respiration dans la zone de la poitrine. Cela peut vous aider à être présent à ce qui est en vous. Posez délicatement une main sur votre cœur comme s'il s'agissait d'un être humain vulnérable. Ce que vous êtes.

Tout en continuant à respirer, dirigez votre esprit sur la perte ou le chagrin que vous éprouvez. Laissez l'histoire, les images et les sentiments venir naturellement. Prenez votre temps. Laissez les sensations apparaître progressivement.

Continuez à respirer avec douceur et compassion. Laissez tout ce qui est là, douleur et larmes, colère et amour, peur et chagrin, venir librement. Accueillez ces émotions avec douceur. Laissez-les se défaire de votre corps et de votre esprit. Faites de l'espace pour chaque image qui apparaît. Laissez venir toute l'histoire. Respirez et considérez tout ce qui vient avec tendresse et compassion. Ayez de la bonté pour tout ce qui s'est passé, pour vous-même, pour les autres.

La peine que nous éprouvons fait partie de la peine du monde. Considérez-la avec douceur. Honorez-la. Vous n'avez plus besoin de la garder en vous. Vous pouvez lâcher prise en vous établissant dans le cœur de la compassion ; vous pouvez tout balayer.

Se libérer de la peine qui est en soi est un processus long et douloureux qui suit pourtant l'intelligence du corps et du cœur. Faites-lui confiance. En plus de la méditation, vous ressentirez peut-être le besoin d'écrire, de crier, de chanter ou de danser votre chagrin. Laissez la sagesse éternelle qui est en vous vous aider à surmonter la tristesse et à ouvrir votre cœur.

Méditation sur la réconciliation

Dans les monastères bouddhistes, quand des conflits surgissent, les moines et les moniales sont encouragés à effectuer une pratique formelle de réconciliation. Ils commencent avec la simple intention d'essayer de se réconcilier, quelle que soit la blessure qui est en eux. Même si nous ne pouvons pas ou ne devrions pas parler à l'autre personne, nous pouvons trouver le courage de favoriser la réconciliation et la bonne volonté dans notre cœur. Nous pouvons apporter notre contribution à la guérison du monde.

Réciter l'intention de se réconcilier, c'est planter volontairement une graine de réconciliation et d'amour dans notre cœur. En répétant chaque phrase, nous tournons notre intention vers la possibilité de restaurer l'harmonie là où la souffrance a désuni. Nous commençons par construire un pont de tendresse pour ceux qui ont été séparés du fait de la peur et de l'affliction.

Asseyez-vous dans une posture confortable. Portez doucement votre attention sur votre corps et votre respiration. Concentrez-vous sur votre respiration jusqu'à ce que vous vous sentiez posé et présent. Puis, portez votre conscience sur les bienfaits de la réconciliation et de la guérison pour tous ceux qui sont brouillés ou séparés.

Nous commençons par notre famille, parce que c'est là où nous sommes le plus vulnérables et que nous pouvons le plus facilement être blessés. Si nous ne parvenons pas à nous réconcilier au sein de notre famille, nous ne pourrons jamais nous réconcilier avec le monde.

Visualisez chaque personne et chaque groupe et nommez-les en accomplissant cette pratique. Récitez chaque phrase une par une. Ressentez la distance et la souffrance qui séparent ces personnes. Dites-vous que l'amour peut être restauré entre elles. Sachez que le simple fait d'exprimer la volonté du cœur à se réconcilier dirige notre vie vers la paix.

Respirez doucement. Récitez lentement les intentions suivantes, en prenant le temps de sentir que le lien est renoué pour chaque catégorie de personnes évoquée :

Que toutes les mères et tous les fils se réconcilient.
Que toutes les mères et toutes les filles se réconcilient.
Que tous les pères et tous les fils se réconcilient.
Que tous les pères et toutes les filles se réconcilient.
Que toutes les sœurs et tous les frères se réconcilient.
Que tous les maris et toutes les femmes se réconcilient.
Que tous les couples se réconcilient.
Que tous les membres de la famille se réconcilient.
Que tous les employeurs et les employés se réconcilient.
Que tous les membres de la communauté se réconcilient.
Que tous les amis se réconcilient.
Que toutes les femmes se réconcilient.
Que tous les hommes se réconcilient.
Que tous les hommes et les femmes se réconcilient.
Que toutes les religions se réconcilient.
Que toutes les races se réconcilient.
Que toutes les nations se réconcilient.
Que tous les gens se réconcilient.
Que toutes les créatures se réconcilient.
Que tous les êtres de toutes formes se réconcilient.

La bonté

La plus grande protection dans le monde
est la bonté.

Le Bouddha.

L'amour est un mystère béni.

Il est pareil à la gravité : vaste et invisible. Il est force qu'on ne peut arrêter et qui relie toutes choses.

Nous aspirons à cet amour.
Nous aspirons à aimer et à être aimés.
Quelles que soient les circonstances,
nous pouvons nous éveiller à l'amour.
Tout comme une mère aimante
protège la vie de son seul et unique enfant,
prenez soin de vous-même et de tous les êtres
avec un cœur sans limites.

Le Bouddha.

La bonté aimante prend soin de l'autre et de son bien-être sans rien attendre ni exiger en retour.

Il n'y a pas de séparation entre son bien-être et le nôtre.

Le véritable amour est digne de confiance. Notre amour envers autrui est une expression de notre confiance en l'amour. Quoi qu'il arrive, on peut toujours aimer.

L'amour crée une communion avec la vie. L'amour nous ouvre, nous relie, nous adoucit et nous ennoblit.

L'amour naît lorsqu'on se soucie des autres avec douceur ; il éclôt dans l'action bienveillante. Chaque chose que l'on touche en devient belle. À tout moment, nous pouvons dépasser notre petit moi et embrasser chaque personne comme l'une des parties aimées d'un tout.

En définitive, quand nous regarderons notre vie, les questions seront simples :

Ai-je vécu pleinement ?

Ai-je su aimer ?

Quand je parlerais les langues des hommes et des anges, si je n'ai pas la charité, je ne suis plus qu'airain qui sonne ou cymbale qui retentit. Quand j'aurais le don de prophétie et que je connaîtrais tous les mystères et toute la science, quand j'aurais la plénitude de la foi, une foi à transporter les montagnes, si je n'ai pas la charité, je ne suis rien.

I Corinthiens XIII, 1-2.

Nous avons parfois le sentiment de ne pas pouvoir aimer.

De par la confusion et la souffrance que nous portons, de par la souffrance autour de nous, notre amour a été enseveli.

Il n'empêche que nous devons apprendre à retrouver l'amour, dans notre corps et notre cœur, dans notre communauté et en toutes choses.

Sans amour, notre esprit créateur ne peut que s'assécher.

~ Un ulcère est une idée, un projet qui n'a pas été mené à bien et qui se venge qu'on l'ait laissé tomber. C'est une danse qui n'a pas été dansée, une aquarelle qui n'a pas été peinte, un poème qui n'a pas été écrit.

John Ciardi.

Notre société a oublié d'enseigner l'amour.

Pour reprendre les termes de *John Gatto*, élu professeur de l'année de la ville de New York :

~ Pensez à ces choses qui nous tuent en tant que nation : les drogues, la compétition stupide, le sexe comme divertissement, la pornographie de la violence, le jeu, l'alcool et la pire pornographie de toutes – toutes ces vies dévouées à la consommation, l'accumulation comme religion.

Même quand tout va au plus mal, nous devons apprendre à aimer.

~ Nous portons tous en nous nos lieux d'exil, nos délits, nos ravages. Notre tâche n'est pas de les déverser sur le monde ; mais de les transformer en nous-mêmes et chez les autres.

Albert Camus.

Les ressentiments nous font du mal.

~ Tout ce qui a commencé dans la colère finit dans la honte.

Benjamin Franklin.

Notre temps est trop précieux pour ne pas aimer.

~ Sachant que la vie est courte,
Comment pouvez-vous vous quereller ?

Le Bouddha.

L'essence de l'amour est au-delà du jugement et des reproches.

~ Si seulement c'était aussi simple ! Si seulement il y avait des méchants quelque part qui commettaient insidieusement des actes méchants et qu'il suffise de les isoler et de les détruire. Mais la ligne qui divise le bien et le mal passe à travers le cœur de tout être humain. Et qui est prêt à détruire un morceau de son propre cœur ?

Alexandre Soljenitsyne.

Quelques clés pour comprendre :

La haine est le premier ennemi de l'amour, le plus évident aussi. La haine durcit le cœur. Elle se cramponne à notre souffrance et à notre colère de telle sorte que l'autre est rejeté comme inhumain. La haine défigure notre esprit.

~ Ne succombez jamais à la tentation de devenir amer. Quand vous militez pour la justice, assurez-vous de vous comporter avec dignité et discipline et d'utiliser uniquement les instruments de l'amour.

Martin Luther King Jr.

L'autre grand ennemi de l'amour est la peur.

La peur contracte le cœur. Les soucis et les anxiétés qui découlent de la peur viennent interrompre le flot d'amour.

Voulez-vous vraiment vivre dans la peur ?

Comme le poète persan *Hafiz* l'a si bien exprimé :

~ La peur est la pièce la moins chère de la maison. Je préférerais vous voir vivre dans un meilleur endroit.

Il existe aussi des ennemis plus subtils de l'amour. Ces imitations de l'amour sont l'attachement et l'attente.

Quand l'attachement vient remplacer l'amour, l'autre est perçu comme un être séparé auquel on s'accroche et dont on a besoin. L'attachement est conditionnel. Il cherche à contrôler et craint la perte. Demandez à votre cœur si l'attachement a remplacé l'amour. Si vous parlez à votre cœur, il vous dira toujours la vérité.

Les attentes sont une autre imitation de l'amour. On dit aimer l'autre, mais on voudrait qu'il soit autrement. L'attachement à nos espoirs, à nos désirs et à nos attentes les plus subtiles détruit l'espace de tendresse et d'amour. Même les attentes les plus bienveillantes peuvent être vécues comme une pression et un jugement vis-à-vis de l'autre.

L'amour est naturellement généreux. Il apporte la complétude, en soi. Il est courageux. L'amour offre de la bonté sans rien exiger en retour.

L'AMOUR N'A RIEN DE FAIBLE.

Dans ce monde, il y a deux grandes sources de force. L'une se trouve chez ceux qui n'ont pas peur de tuer, l'autre chez ceux qui n'ont pas peur d'aimer.

~ Si notre cause est importante, et il va de soi que la paix sur terre est de nos jours la question la plus importante, et si nous voulons nous opposer aux pouvoirs de destruction et d'annihilation en militant pour la vie, nous devons utiliser notre meilleure arme – les forces d'amour qui sont en chacun de nous. Pour défendre la vie, nous devons renoncer à nos propres vies.

Dorothy Day.

L'amour vient de notre capacité à faire confiance à la réalité au-delà de la peur, à faire confiance à une vérité éternelle plus grande que toutes nos difficultés.

L'amour n'exige rien.

Aimer signifiera parfois rester ferme,
d'autres fois renoncer.
Parfois il s'agira simplement de laisser être.
L'amour éclôt chaque fois que l'on transcende ses peurs pour demeurer dans la générosité du cœur

Dans nos relations les plus intimes, là où nous sommes le plus vulnérables, l'amour n'est pas toujours facile.

~ Un jour, *Mère Teresa* était interviewée par la BBC quand le journaliste a fait remarquer qu'à certains égards, il était peut-être plus facile de vivre une vie de service comme elle que nos vies ordinaires en couple. Après tout, disait-il, elle ne possédait rien, n'avait pas de voiture, pas d'assurance et pas de mari.

"Ce n'est pas vrai, répliqua-t-elle, moi aussi, je suis mariée." Puis, exhibant la bague que portent les nonnes dans son ordre pour symboliser leur mariage avec le Christ, elle ajouta : "Et c'est parfois très difficile à certains moments !"

Si c'était difficile pour *Mère Teresa*, ce sera difficile pour nous tout le temps.

L'AMOUR N'A RIEN DE SENTIMENTAL.

~ Une relation humaine digne de ce nom, c'est-à-dire au sujet de laquelle deux personnes ont le droit d'utiliser le mot amour, est un processus d'approfondissement des vérités qu'elles peuvent se dire l'une à l'autre. C'est quelque chose d'important, parce que cela rompt l'aveuglement et l'isolement

Adrienne Rich.

L'amour est pourtant très simple.

Comme l'a dit le *Dalaï-lama* :

~ Pour comprendre la bonté aimante, il faut peut-être commencer par mettre l'accent sur la bonté.

Notre capacité à avoir un cœur aimant va déterminer le monde que nous rencontrons.

Alors qu'un étranger arrivait aux portes d'une nouvelle ville, il se fit héler par une vieille femme pleine de sagesse qui était assise au bord de la route :

"Bienvenue.

– Comment sont les gens ici ? demanda l'étranger.

– Comment les avez-vous trouvés dans la ville d'où vous venez ? répliqua la femme pleine de sagesse.

– Ils passaient leur temps à commérer, ils étaient radins et égoïstes. C'était difficile de s'entendre avec eux.

– Vous verrez que dans cette ville, ils sont pareils."

Puis un deuxième étranger passa et fut accueilli par la vieille femme.

"Comment sont les gens ici ? demanda le deuxième étranger.

– Comment les avez-vous trouvés dans la ville d'où vous venez ?

– C'étaient des gens très bien – travailleurs, plutôt serviables et ouverts d'esprit. On pouvait s'entendre avec eux facilement.

– Vous verrez que dans cette ville, ils sont pareils. »

L'amour commence de la manière la plus modeste.

~ Au cours de mon deuxième mois à l'école d'infirmières, notre professeur nous a fait faire une interrogation écrite surprise. J'étais une élève consciencieuse et j'avais répondu à toutes les questions sans problème, jusqu'au moment d'arriver à la dernière question : “Quel est le prénom de la femme de ménage de l'école ?”

Ce devait être une blague. J'avais vu la femme de ménage plusieurs fois. Elle était grande, elle avait des cheveux foncés et devait avoir une cinquantaine d'années, mais comment aurais-je pu savoir comment elle s'appelait ? J'ai rendu mon devoir sans répondre à cette question.

Avant la fin du cours, quelqu'un a demandé si cette dernière question allait compter dans la note. “Absolument, répondit le professeur. Au cours de votre carrière, vous allez rencontrer beaucoup de monde. Chacune de ces personnes a de l'importance. Elles méritent toutes que vous leur accordiez votre attention et que vous vous intéressiez à elles, même si ce n'est que par un sourire ou un bonjour. »

Je n'ai jamais oublié cette leçon. J'ai aussi appris qu'elle s'appelait Dorothy.

Joanne C. Jones.

Jusqu'où vous allez dans la vie dépend de votre capacité à faire preuve de douceur envers les jeunes, de compassion envers les personnes âgées, de bonté envers ceux qui ont faim et de tolérance envers les faibles et les forts. Parce qu'un jour, vous aurez été tout cela.

George Washington Carver.

Avec la bonté aimante, on voit avec le cœur :

~ Les saints sont ce qu'ils sont, non pas parce que leur sainteté les rend admirables aux yeux des autres, mais parce que le don de sainteté leur permet d'admirer tous les êtres.

Thomas Merton.

Quand l'amour nous habite, il inspire tout ce que nous faisons.

~ Le monde extérieur ne sera jamais misérable
si le monde intérieur est vaste.

Maître Eckhart.

Depuis l'époque du *Bouddha*, on a pu observer de nombreux bienfaits chez ceux qui cultivent la bonté du cœur. En voici quelques-uns :

Vous faites de beaux rêves.
Vous vous endormez facilement.
Vous êtes content de vous réveiller.
Vos pensées sont agréables.
Vous êtes en meilleure santé.
Les anges et les devas vous aiment et vous protègent.
Les animaux sentent votre amour et ne vous font pas de mal.
Vous êtes bien accueilli partout.
Vos bébés sont heureux.
Si vous perdez quelque chose, on vous le renvoie.
Si vous tombez d'une falaise, il y a un arbre pour vous raccrocher.
Le monde est plus paisible autour de vous.

L'amour véritable ne peut être conquis, pas plus qu'on ne peut lui résister. Il ne cesse de grandir en force et de se déployer jusqu'à transformer tous ceux qu'il touche.

Meher Baba.

Cultivez votre bienveillance de telle sorte qu'elle embrasse toute l'humanité et le monde entier...

~ Que serait l'homme sans les animaux ? Sans eux, les hommes mourraient d'une grande solitude de l'esprit, car tout ce qui arrive aux animaux arrive aussi à l'homme.

Chef Seattle.

… Et même aux plus petites des créatures.

~ Un insecte traverse le journal en rampant.
Laissez-le vivre.
Nous avons besoin de tous les lecteurs possibles.

Lloyd Reynolds.

N'OUBLIEZ PAS DE VOUS INCLURE VOUS-MÊME.

L'un des plus grands obstacles à la bienveillance est notre sentiment de ne pas être digne. Si vous vous excluez de votre cercle d'amour et de compassion, vous faites fausse route.

L'amour et la compassion doivent commencer par l'amour bienveillant que l'on se porte à soi-même.

~ Vous pouvez chercher dans tout l'univers
et ne pas trouver un seul être
qui mérite plus que vous d'être aimé.
Chaque personne
étant si précieuse pour elle-même,
respecte toi toi-même et ne permets pas
qu'on fasse du tort à un autre être.

Le Bouddha.

La bienveillance fait naître une compassion naturelle. Le cœur compatissant embrasse la souffrance et la tristesse de toute notre vie et de tous les êtres avec tendresse et miséricorde.

~ C'est ce cœur ouvert et tendre
qui a la capacité de transformer le monde.

Chögyam Trungpa.

La compassion est présente naturellement dès lors que notre cœur bat face à la souffrance, qu'il s'agisse de notre propre souffrance ou de la souffrance d'autrui. La vraie compassion n'est pas limitée par le côté séparateur de la pitié ni par la peur de se sentir débordé. En demeurant dans le grand cœur de la compassion, nous découvrons une capacité d'être témoin, de souffrir avec et de chérir les souffrances et les beautés du monde avec notre cœur vulnérable.

~ La compassion aimante est semblable à la lumière du soleil.
Elle réveille et procure de la joie aux êtres.
Elle est belle comme un arc-en-ciel et
élève le cœur de tous ceux qui la voient.

Tarthang Tulku.

L'amour et la compassion apparaissent comme une forme de service dénuée de tout égoïsme

Or, dans l'amour, on ne sert pas les autres, mais "soi-même".

La communion de l'amour nous rassemble et nous réunit. La compassion ne voit pas la souffrance et la peine du monde comme quelque chose de séparé ; cette peine est partagée, elle est nôtre.

À partir du moment où nous donnons accès à notre vulnérabilité et à notre humanité partagée, l'amour et la compassion sont aussi naturels que notre respiration et nous n'hésitons pas à agir pour aider.

~ La compassion est un verbe.

Thich Nhat Hanh.

LA COMPASSION EST PARTOUT AUTOUR DE NOUS.

Quand le World Trade Center a pris feu, un homme a porté un de ses collègues qui était dans une chaise roulante et il l'a descendu lentement, marche par marche, sur soixante-huit étages. Ils ont réussi à s'en sortir à temps.

Un autre homme est resté à son étage pour proposer à ceux qui descendaient des serviettes en papier mouillées pour se protéger de la fumée.

Tandis que les milliers de personnes qui travaillaient dans les bureaux sortaient en masse des immeubles, des équipes de pompiers et de policiers y pénétraient courageusement, pleins de compassion.

Dans tous les lieux de souffrance dans le monde, des gens ont découvert la capacité d'aimer de la bonté et sont prêts à prendre sur eux les peines du monde

Un cœur qui aime ne fait pas de distinction entre les petites et les grandes choses ; toutes sont dignes d'être aimées.

~ Servir ne se limite pas à de grands gestes, à des actes héroïques et à d'importantes donations à des institutions publiques. Servent aussi ceux qui expriment leur amour dans les petites choses. Une parole qui redonne courage à un cœur brisé ou un sourire porteur d'espoir quand tout va mal est un service, au même titre que des sacrifices ou une abnégation héroïque. Un regard qui balaie l'amertume du cœur est aussi un service, même s'il n'y a pas l'idée de servir.

En elles-mêmes, ces choses peuvent sembler minimes mais la vie est justement faite de ces petites choses. Si l'on ignorait ces petites choses, non seulement la vie serait laide mais elle serait aussi insupportable.

Meher Baba.

Un geste d'amour peut transformer notre journée.

Le patron est assis à la table communale en bois où une petite bouteille de vin a été placée devant l'assiette de chaque convive. Avant que le repas ne commence, un homme verse du vin non pas dans son verre, mais dans le verre de son voisin. Et son voisin lui retourne le geste en remplissant le verre vide du premier. D'un point de vue économique, il ne s'est rien passé. Personne n'a eu plus de vin qu'un autre. Mais une communauté aimante est apparue là où il n'y en avait pas avant.

L'amour et la compassion n'appartiennent à aucun groupe ou système religieux. Ils sont au cœur de notre esprit humain et en chacune de nos cellules. La seule nourriture dont ils ont besoin, c'est notre attention profonde et sincère.

~ L'émergence et le développement de la compréhension, de l'amour et de l'intelligence n'ont rien à voir avec une tradition – quel que soit son degré d'ancienneté ou son autorité – ni avec le temps. Cela arrive tout seul quand un être humain pose des questions, s'émerveille, écoute et regarde sans être figé dans la peur. Quand on cesse d'être préoccupé par soi-même, le ciel et la terre sont ouverts.

Toni Packer.

La bienveillance nous donne la capacité d'aimer et de bénir tout ce qui se trouve devant nous. C'est une liberté et un bonheur sans raison particulière qui se suffisent à eux-mêmes. Si le cœur est ouvert, l'amour apporte un esprit généreux à chaque instant et à chaque rencontre.

Il n'y a pas d'épreuve ou de difficulté qu'assez d'amour ne puisse surmonter, aucune distance qu'assez d'amour ne puisse parcourir, aucune barrière qu'assez d'amour ne puisse dépasser.

Je me tenais près du lit où la jeune femme était allongée. Son visage venait d'être opéré et sa bouche était paralysée dans un rictus. Le nerf facial, celui qui relie les muscles de sa bouche, avait été légèrement atteint. Elle allait désormais rester comme ça. En tant que chirurgien, je peux vous assurer que j'avais suivi avec une ferveur religieuse la courbe de la chair, mais pour retirer la tumeur de sa joue j'avais dû couper ce petit nerf.

Son jeune époux se trouvait dans la chambre. Il était debout, de l'autre côté du lit et ils étaient là, tous les deux, intimes dans la lumière du soir. "Qui sont-ils" me suis-je demandé, "lui et cette bouche qui fait la grimace, à se regarder et à se toucher aussi généreusement ?"

La femme prit la parole :

"Est-ce que ma bouche va rester comme ça ?

– Oui, ai-je dit. Parce que le nerf a été coupé."

Elle acquiesça de la tête sans dire un mot. Mais le jeune homme sourit.

"J'aime bien, dit-il. Je trouve ça mignon."

D'un seul coup, j'ai su qui il était. J'ai compris et je l'ai regardé de plus près. On n'est pas timide lorsqu'on rencontre un dieu. Sans se rendre compte de ma présence, il s'est penché pour embrasser la bouche de sa femme. J'étais tout proche et j'ai pu voir comment il se tordait les lèvres pour qu'elles s'adaptent aux siennes, pour lui montrer que leurs baisers marchaient toujours.

Je me suis souvenu que dans la Grèce antique, les dieux apparaissaient comme des mortels et j'ai retenu ma respiration d'émerveillement.

Dr Richard Selzer.

On ne peut trouver l'amour que là où l'on est.
L'amour est "plus proche que proche".

~ Vous cherchez Celui qui est Saint ?
Je suis assis à côté de vous,
mon épaule contre la vôtre.

Kabir.

*I*l y a une innocence dans l'amour, un plaisir et un ravissement sincère.

~ Un jour, un petit garçon m'a envoyé une très jolie carte accompagnée d'un petit dessin adorable. Je réponds à toutes les lettres que les enfants m'adressent, parfois à la va-vite, mais cette fois-ci j'ai pris mon temps. Je lui ai dessiné un Maximonstre et écrivis ces quelques mots : "Cher Jim : j'ai adoré ta carte."

Par la suite, j'ai reçu un courrier de sa mère qui disait : "Jim a tellement aimé votre carte qu'il l'a mangée."

C'était pour moi certainement l'un des plus beaux compliments qu'on m'ait jamais faits. Que ce soit un dessin original de Maurice Sendak, il n'en avait eu cure ! Il l'avait vu, il l'avait aimé, il l'avait mangé.

Maurice Sendak.

L'amour est plus qu'un idéal. Il est plein de chaleur, généreux, direct et immédiat.

~ Celui qui veut faire le bien doit le faire dans les détails les plus infimes. Le bien général est l'argument de l'hypocrite, du flatteur et de la crapule.

William Blake.

L'amour ne joue pas pour la galerie. Semblable à l'eau, il est humble et ne peut être arrêté.

L'amour ne cherche pas à régler tous les problèmes du monde. Il suffit de planter des graines de bonté et de justice partout où c'est possible.

~ Je n'ai jamais considéré les masses comme relevant de ma responsabilité. Je regarde l'individu. Je ne peux aimer qu'une personne à la fois. Je ne peux nourrir qu'une personne à la fois. Juste une. Donc j'ai commencé avec une, puis une autre..

Si je ne l'avais pas fait, peut-être n'en aurais-je pas secouru quarante-deux mille.

Tout ce travail n'est qu'une goutte dans l'océan. Mais si je ne verse pas cette goutte, il manquera une goutte dans l'océan. C'est la même chose pour vous, la même chose pour votre famille, la même chose dans votre communauté. Il faut simplement démarrer — un, puis un, puis un.

Mère Teresa.

Ô noblement né, souviens-toi de ton cœur aimant. Fais-lui confiance, honore-le et suis-le. Il t'apporterà la paix.

~ Je suis plus vaste et meilleur que je ne le pense.
Je ne pensais pas qu'il y avait autant de bonté en moi.

Walt Whitman.

Méditation sur la bonté

Cette méditation fait appel à des formules, des images et des sentiments qui suscitent la bienveillance et l'amitié envers soi-même et autrui. Chaque fois que nous récitons ces phrases, nous exprimons une intention et plantons des graines de bonté aimante dans notre cœur.

Lorsque notre point de départ est un cœur plein d'amour, tout ce que nous entreprenons, tout ce que nous rencontrons s'ouvre et coule plus facilement.

Vous pouvez commencer cette pratique par une méditation de quinze ou vingt minutes dans un endroit tranquille. Asseyez-vous dans une position confortable et laissez votre corps se relâcher et se détendre. Le cœur apaisé, oubliez vos projets et vos soucis.

Récitez intérieurement les phrases suivantes à votre propre intention. Il est important de commencer par soi-même parce que si l'on ne s'aime pas soi-même, il est quasiment impossible d'aimer autrui.

Puissé-je être empli de bonté.
Puissé-je être en sûreté et en bonne santé.
Puissé-je être en paix et détendu.
Puissé-je être heureux.

En répétant ces formules, voyez-vous tel que vous êtes aujourd'hui, entouré par la bonté d'un cœur aimant. Vous pouvez aussi vous imaginer comme un petit enfant très aimé. Adaptez les mots et les images à votre convenance afin de trouver la formule susceptible d'éveiller la bonté de votre cœur. Répétez plusieurs fois ces phrases en laissant les sensations qu'elles engendrent pénétrer votre corps et votre esprit. Pratiquez cette méditation pendant plusieurs semaines jusqu'à ce que vous ressentiez une bonté grandissante envers vous-même.

Sachez que cette méditation pourra parfois vous sembler mécanique ou bizarre. Elle peut aussi faire émerger des sentiments d'irritation et de colère. Dans ce cas, il est particulièrement important d'être patient et bienveillant envers soi-même et d'accueillir ce qui surgit avec un esprit d'amitié et d'affection.

Quand vous sentirez qu'un sentiment de bonté s'est établi en vous, vous pourrez élargir cette méditation de manière à inclure d'autres personnes. Après avoir concentré votre attention sur vous-même pendant dix ou quinze minutes, choisissez une personne de votre entourage qui vous a montré une réelle affection. Visualisez cette personne et récitez attentivement les mêmes phrases :

Puisse-t-elle être emplie de bonté.
Puisse-t-elle être en sûreté et en bonne santé.
Puisse-t-elle être en paix et détendue.
Puisse-t-elle être heureuse.

Laissez les images et les sentiments que vous avez pour cette personne guider la méditation. La clarté de ces images ou de ces sentiments n'a pas d'importance car elle va changer dans la méditation. Continuez simplement à planter des graines d'amour en répétant ces phrases intérieurement quoi qu'il advienne.

La capacité d'exprimer notre gratitude envers ceux qui nous ont montré une réelle affection est une forme d'amour naturelle. Ceux qui ont du mal à pratiquer la bonté envers eux-mêmes commencent avec une personne qui leur est chère. Ça va aussi. La règle en matière de bonté, c'est de suivre la voie qui vous ouvre le cœur le plus facilement.

Lorsqu'un sentiment de bonté envers cette personne est apparu, incluez d'autres personnes dans votre méditation en vous les représentant l'une après l'autre et en récitant les mêmes formules, suscitant ainsi un sentiment de bonté envers elles.

Ensuite, vous pourrez inclure d'autres personnes : des amis, des connaissances, des voisins, tous les êtres humains de la planète, les animaux, tous les êtres, la terre entière.

Puis vous pourrez inclure les personnes avec lesquelles vous êtes en conflit, même vos ennemis, en leur souhaitant de connaître eux aussi la bonté et la paix. Cela exige de la pratique. Mais à mesure que votre cœur s'ouvrira, d'abord envers vos êtres chers et vos amis, vous verrez qu'en fin de compte, vous ne voudrez plus le fermer à qui que ce soit.

On peut s'exercer à la bonté n'importe où. Vous pouvez pratiquer cette méditation dans les embouteillages, en bus ou en avion. Si vous pratiquez cette méditation en silence alors que vous êtes entouré de gens, vous ressentirez immédiatement un lien merveilleux avec eux – le pouvoir de la bonté. Votre vie gagnera en sérénité et vous resterez en contact avec votre cœur.

Autres pratiques complémentaires à la méditation sur la bonté :

La compassion, la gratitude et la joie sont des compagnons pour travailler sur la bonté. La pratique de la compassion offre un véhicule conscient pour nous soucier des souffrances du monde. La gratitude et la joie équilibrent les peines de la compassion et éveillent en nous un cœur généreux et gracieux.

Utilisez ces méditations de manière intuitive et laissez-vous porter vers celle que vous indique votre cœur.

Méditation sur la compassion

Le cœur humain possède l'extraordinaire capacité de transformer les souffrances de la vie en un flot puissant de compassion. La compassion est un élan d'empathie et de bonté face aux souffrances du monde. Elle survient chaque fois que nous permettons à notre cœur d'être touché par la douleur et les besoins d'autrui.

Afin de cultiver la compassion, asseyez-vous et demeurez immobile, centré et silencieux. Respirez doucement et sentez votre corps, le battement de votre cœur, la vie en vous. Ressentez à quel point vous tenez à votre vie, voyez comment vous vous protégez lorsque vous êtes confronté à la souffrance. Après quelque temps, pensez à une personne de votre entourage qui vous est chère. Imaginez cette personne et ressentez votre amour pour elle. Voyez ensuite comment vous pouvez l'accueillir dans votre cœur. Puis, prenez conscience de ses peines, de son lot de souffrances dans la vie. Sentez votre cœur s'ouvrir spontanément, sentez votre élan pour lui souhaiter du bien, lui offrir votre réconfort, partager sa douleur et lui apporter votre compassion.

C'est la réponse spontanée du cœur. Pour continuer à l'ouvrir, commencez à réciter les phrases suivantes :

Puisses-tu vivre dans la compassion.
Puisses-tu ne pas connaître la douleur et le chagrin.
Puisses-tu être en paix.

Continuez à réciter ces phrases tout en accueillant chaque personne dans votre cœur.

Après avoir appris à ressentir votre amour profond pour une personne qui vous est proche, dirigez votre compassion envers vous-même en étant conscient de toutes les souffrances que vous portez. Pendant quelque temps, récitez les formules :

Puissé-je vivre dans la compassion.
Puissé-je ne pas connaître la douleur et le chagrin.
Puissé-je être en paix.

Offrez ensuite votre compassion à d'autres personnes de votre connaissance, une par une. Visualisez les êtres qui vous sont chers, un par un. Gardez l'image de chacun d'entre eux dans votre cœur, prenez conscience de leurs problèmes et souhaitez-leur du bien.

Puisses-tu vivre dans la compassion.

Puisses-tu ne pas connaître la douleur et le chagrin.

Puisses-tu être en paix.

À présent vous pouvez étendre votre compassion de manière à y inclure la souffrance de vos amis, de vos voisins, de vos connaissances, de tous ceux qui souffrent, des personnes difficiles, de vos ennemis et enfin de la grande famille humaine de tous les êtres.

Sentez que la beauté de chaque être vous procure de la joie et que la souffrance de chaque être vous fait pleurer. Ressentez le tendre lien qui vous unit à la vie et ses créatures.

Laissez votre cœur transformer les souffrances du monde. Sentez votre respiration dans la zone du cœur comme si vous pouviez inspirer et expirer doucement à partir de là. Ressentez la bonté de votre cœur et visualisez qu'à chaque respiration, vous inspirez la souffrance et vous expirez la compassion.

Commencez par inspirer les souffrances des êtres humains. À chaque inspiration, laissez leurs souffrances toucher votre cœur et se transformer en compassion. À chaque expiration, souhaitez du bien à tous les êtres vivants et accueillez-les dans votre cœur plein d'amour.

Puisses-tu vivre dans la compassion.

Puisses-tu ne pas connaître la douleur et le chagrin.

Puisses-tu être en paix.

Tout en respirant, commencez à visualiser votre cœur comme un feu purificateur capable de recevoir les douleurs du monde et de les transformer en lumière et en chaleur de compassion. Soyez tendre envers vous-même. Laissez le feu de votre cœur brûler doucement dans votre poitrine. Si vous luttez d'une quelconque manière, laissez le feu faire disparaître tous les obstacles à la compassion de telle sorte que votre cœur retourne à son état naturellement généreux, ouvert et dénué de crainte.

Quand vous vous sentirez prêt, inspirez les souffrances de ceux qui ont faim. Inspirez les souffrances de ceux qui vivent dans un pays en guerre. Inspirez les souffrances de l'ignorance. À chaque expiration, voyez les êtres vivants partout et expirez le baume guérisseur de la compassion. À chaque inspiration, continuez à laisser les souffrances de chaque forme de vie toucher votre cœur. À chaque expiration, continuez à offrir la miséricorde et la guérison de la compassion. Telle la mère du monde, mettez le monde dans votre cœur. Invitez tous les êtres à vous toucher à chaque inspiration. Embrassez tous les êtres avec compassion à chaque expiration.

Après quelque temps, restez assis tranquillement et permettez à votre souffle et à votre cœur de s'apaiser naturellement, tel un noyau de compassion au cœur du monde.

Cette pratique de la compassion doit se faire de manière intuitive. Il se peut qu'elle vous paraisse difficile, comme si vous étiez dépassé par la souffrance. Souvenez-vous qu'il ne s'agit pas de "réparer" la souffrance du monde, seulement de l'accueillir avec un cœur empli de compassion. Détendez-vous et procédez avec douceur. Respirez. Il n'est pas nécessaire de se blinder et de se fermer.

Quand vous êtes confronté à des difficultés, tournez votre attention vers votre propre bien-être. Ayez de la compassion envers vous-même. Soyez patient. Puis, choisissez une personne qui évoque pour vous une compassion pleine de douceur, d'aisance et de naturel. Apprenez progressivement à faire confiance à l'ouverture du cœur. Avec le temps vous allez approfondir votre capacité à vous ouvrir à tout ce que la vie apporte. Chaque fois que vous rencontrez la souffrance du monde et qu'elle vous touche dans votre cœur, prenez le temps de revenir à la compassion.

Méditation sur la gratitude et la joie

~ Si nous ne sommes pas heureux malgré nos difficultés, qu'y a-t-il de bon dans notre pratique spirituelle ?

Maha Ghosananda.

Les moines bouddhistes commencent chaque journée par un chant de gratitude pour toutes les offrandes de la vie. Chez les Indiens d'Amérique, les anciens commencent chaque cérémonie avec des prières de remerciement envers la terre, la mère et le ciel, le père, les quatre directions, les animaux, les végétaux et nos frères et sœurs les minéraux avec qui nous partageons cette terre et dont notre vie dépend. Au Tibet, les moines et les moniales vont jusqu'à offrir des prières de gratitude pour la souffrance qu'on leur a infligée : "Puissé-je avoir assez de souffrance pour éveiller en moi la compassion et la sagesse la plus profonde."

Le but de la vie spirituelle est d'éveiller une liberté joyeuse, un cœur bienveillant et compatissant en toutes circonstances.

La gratitude, c'est reconnaître avec grâce tout ce qui contribue à notre existence, s'incliner devant toutes les petites et les grandes choses qui nous sont offertes, apprécier les moments de bonheur qui nourrissent notre vie chaque jour. Il y a tant de choses dont nous pouvons être reconnaissants.

La gratitude, c'est faire confiance à la vie. C'est sentir que c'est la même force qui fait pousser l'herbe dans les fissures du trottoir et revigore notre vie.

La gratitude réjouit le cœur. Elle n'a rien de sentimental ni de jaloux et ne porte pas de jugement. La gratitude n'envie ni ne compare. La gratitude reçoit avec émerveillement les innombrables offrandes de la pluie et de la terre et prend soin de chaque vie.

La gratitude donne progressivement naissance à la joie. Nous vivons le courage de nous réjouir de notre bonheur et du bonheur d'autrui.

La joie est naturelle pour un cœur ouvert. Dans la joie, nous n'avons pas peur du plaisir. Nous ne croyons pas à tort qu'il est déloyal face à la souffrance du monde d'honorer le bonheur qui nous est offert.

Tout comme la gratitude, la joie réjouit le cœur. Nous pouvons éprouver de la joie pour des personnes que nous aimons, des moments de bonté, le soleil et les arbres, ou notre respiration dans notre poitrine. Et plus notre joie grandit, plus nous découvrons un bonheur sans cause. Comme l'enfant innocent qui n'a rien de spécial à faire pour être heureux, nous pouvons nous réjouir de la vie elle-même et d'être en vie.

Asseyez-vous confortablement et détendez-vous. Laissez votre corps se reposer et s'ouvrir en respirant naturellement, le cœur apaisé. Commencez la pratique de la gratitude en sentant comment pendant des années vous avez pris soin de votre propre existence. À présent, commencez à reconnaître tout ce qui vous a permis de le faire :

Avec gratitude je me souviens des gens, des animaux, des plantes, des insectes, des créatures du ciel et de la mer, de l'air et de l'eau, du feu et de la terre, de tous ceux dont les efforts joyeux font mon bonheur chaque jour.

Avec gratitude je me souviens de tout ce qui a été accompli par les milliers de générations d'aînés et d'ancêtres qui m'ont précédé.

J'offre ma gratitude pour la sécurité et le bien-être qui me sont donnés.

J'offre ma gratitude pour tout ce que cette terre a fait pour moi.

J'offre ma gratitude pour la santé qui m'a été donnée.

J'offre ma gratitude pour la famille et les amis qui m'ont été donnés.

J'offre ma gratitude pour la communauté qui m'a été donnée.

J'offre ma gratitude pour les enseignements et les leçons qui m'ont été donnés.

J'offre ma gratitude pour la vie qui m'a été donnée.

Nous sommes reconnaissants pour tout ce qui nous a été donné et également pour ce que les autres ont reçu.

Continuez à respirez doucement. Pensez à une personne qui vous est chère, quelqu'un pour qui il est facile de se réjouir. Visualisez cette personne et ressentez la joie naturelle que vous éprouvez pour son bien-être, son bonheur et son succès. À chaque respiration, offrez-lui tous vos souhaits sincères et votre reconnaissance :

Puisses-tu être dans la joie.
Puisses-tu connaître encore plus de bonheur.
Puisses-tu ne pas être privé du grand bonheur.
Puissent ta bonne fortune et les causes de ta joie et de ton bonheur ne jamais décliner.

Sentez la joie bienveillante et l'amour dans chaque phrase. Quand vous sentirez un degré de gratitude naturelle pour le bonheur d'un être cher, offrez cette pratique à une autre personne qui compte pour vous. Récitez les mêmes phrases simples qui expriment votre intention du cœur.

Puis, ouvrez progressivement la méditation de manière à y inclure des personnes neutres, des personnes difficiles et même des ennemis –

jusqu'à offrir votre joie bienveillante à tous les êtres partout, jeunes et vieux, proches et lointains.

La paix

L'esprit humain peut créer le conflit.
Il peut aussi créer la paix.
Pour trouver la paix dans le monde,
il faut d'abord trouver la paix en soi-même.

~ Il n'y a pas de plus grand bonheur que la paix.

Le Bouddha.

Il y a en chacun de nous
Un silence aussi vaste que l'univers.
Nous y aspirons.
Nous pouvons y retourner.

Si vous voulez faire la paix
vous ne pouvez ignorer
la guerre, le racisme, la violence, l'avidité,
l'injustice et les souffrances du monde.

Vous devez vous y opposer
avec courage et compassion.
Si vous ne cherchez pas la justice,
la paix échouera.

Il n'empêche qu'en toute chose
vous ne devez pas laisser
la guerre, la violence et la peur
s'emparer de votre cœur.

Quelle que soit la situation
vous ne pouvez pas faire la paix
si vous n'êtes pas en paix.

~ Lorsqu'un bateau plein de réfugiés devait faire face à un orage ou à des pirates, si quelqu'un paniquait, cela entraînait la perte de tout le monde. Mais si une seule personne sur le bateau restait calme et concentrée, cela suffisait, car elle montrait à tout le monde comment survivre.

Thich Nhat Hanh.

Patients comme la terre, fermes comme un pilier et limpides comme un lac profond et calme, les sages ne se laissent pas atteindre par les flammes de la colère ou de la peur.

Dhammapada.

La paix naît
de l'équanimité et de l'équilibre.
L'équilibre est souplesse
et capacité à s'adapter
avec grâce au changement.
L'équanimité vient lorsqu'on accepte
les choses telles qu'elles sont.

~ Le fait de savoir que votre vie aura des hauts et des bas permet d'avoir l'esprit beaucoup plus apaisé.

Lama Yeshe.

Le premier pas vers la connaissance de la merveille et du mystère de la vie consiste à reconnaître la nature monstrueuse du monde humain terrestre ainsi que sa gloire, à prendre conscience qu'il est tel qu'il est, qu'on ne peut le changer et qu'il ne va pas changer. Ceux qui pensent savoir – et ils sont légion – comment serait l'univers s'ils l'avaient créé, sans souffrance, sans chagrin, sans le temps, sans la mort, ne sont pas mûrs pour l'illumination.

Si vous voulez vraiment aider ce monde, vous devrez donc enseigner comment y vivre, en sachant qu'il vous faudra pour cela avoir appris vous-même à vivre dans la peine mêlée de joie et la joie mêlée de tristesse de savoir que la vie est telle qu'elle est.

Joseph Campbell.

La louange et le blâme,
le gain et la perte,
le plaisir et la douleur,
la gloire et la honte
sont les huit vents mondains
qui vont et viennent.
Telle la montagne
imperturbable face au vent,
le cœur du sage
reste inébranlable
face à tout ce qui arrive.

Le Bouddha.

Si notre cœur embrasse
autant la joie que la peine,
il pourra rester
tendre et sage.

~ On peut marcher
dans la nuit la plus noire
et avoir la conviction radieuse
que toutes les choses
œuvrent pour le bien.

Martin Luther King Jr.

La paix n'est pas une absence
de changement ou de difficulté.
Il ne faut pas confondre la paix avec
le retrait ou l'indifférence face à la vie.
Il y a des manières d'imiter la paix,
des façons de clore qui restent fondées sur la peur.
Apprenons à les voir telles qu'elles sont.

Le retrait nous éloigne
du lien,
de l'ouverture et de l'amour.
Se retirer parce qu'on a peur n'est que fuite.
Nous croyons qu'en nous coupant des autres,
nous serons en sécurité.
La vraie paix intérieure n'est pas dans le retrait.

L'indifférence donne l'illusion de créer la paix, mais elle est fondée sur une résignation silencieuse. C'est un mouvement d'écart, une séparation nourrie par une peur subtile du cœur. On se retire, persuadé que ce qui arrive aux autres ne nous regarde pas. Notre courage nous abandonne. L'indifférence est une manière peu habile de se défendre soi-même.

La paix du cœur
n'est pas faite de résignation émotionnelle.
C'est une ouverture
qui rencontre avec compassion
le monde en perpétuel changement.

Avec l'équanimité
on peut aimer toutes les choses
sans chercher
à les contrôler.

On peut cultiver la compassion pour les autres et faire de son mieux pour soulager la souffrance dans le monde, mais il y a des situations qu'on ne peut pas changer. Comme le dit la prière de la sérénité : "Que je trouve la sérénité d'accepter les choses que je ne peux pas changer, le courage de changer celles que je peux changer et la sagesse de faire la différence."

L'acceptation ne signifie pas l'inaction.
Il est parfois nécessaire de répondre
avec force et fermeté.

Dès lors que notre centre est paisible,
on peut répondre au lieu de réagir.
Les réactions inconscientes créent des problèmes.
Les réponses avisées procurent la paix.
Un cœur paisible
nous permet de rencontrer tout ce qui arrive
avec sagesse.

La paix n'a rien de faible ;
elle est inébranlable.

À trop vouloir saisir
les choses du monde,
l'attachement surgit.

Vouloir que les choses se passent
uniquement comme on voudrait
fait naître la colère.

À ne pas comprendre
l'inéluctabilité du changement,
la confusion obscurcit l'esprit.

Affronte le monde transitoire
Sans peur ni saisie,
Fais confiance à la vie,
Tu atteindras la vraie sérénité.

Bhagavad Gita.

La vraie paix commence lorsqu'on découvre qu'il est possible de respecter les saisons de la vie avec un cœur vaste qui ne cherche pas à se défendre. On apprend alors à faire confiance, à demeurer dans la vérité des choses telles qu'elles sont, à accepter volontiers la joie et la peine qui nous sont données.

Une cuillerée de sel dans un verre d'eau
rendra l'eau imbuvable.
Mais une cuillerée de sel
dans un lac se remarquera à peine.

La paix vient d'un cœur
ouvert comme le ciel
et vaste comme l'océan.

Ne croyez pas que
la paix n'est pas possible pour vous.

Je prétends être plus que la personne moyenne et avoir moins que la capacité moyenne. Je n'ai pas l'ombre d'un doute que tout homme et toute femme peut réaliser ce que j'ai réalisé si cette personne fait le même effort et cultive le même espoir et la même foi.

Gandhi.

Pour trouver la paix
il nous faut abandonner nos combats
et cesser de faire la guerre à la vie.

~ Nous autres êtres humains sommes constamment en lutte, en guerre, pour échapper au fait que nous sommes extrêmement limités par toutes sortes de circonstances incontrôlables. Mais au lieu de renoncer, nous continuons à créer de la souffrance, à faire la guerre au mal, à faire la guerre au bien, à faire la guerre à ce qui est trop petit, à faire la guerre à ce qui est trop gros, à faire la guerre à ce qui est trop court ou trop long, juste ou faux, et nous poursuivons courageusement la bataille.

Ajahn Chah.

Respirez et faites confiance.
Ce n'est qu'en lâchant prise avec courage
que le cœur deviendra libre.
C'est ce qu'on appelle la sagesse de l'insécurité.

~ La sécurité est en grande partie une superstition.
Elle n'existe pas dans la nature
et tous les enfants ne l'expérimentent pas comme une plénitude.
Éviter le danger n'est pas plus sûr à long terme
que de s'y exposer totalement.
La vie est une aventure à oser,
sinon elle n'est rien.

Helen Keller.

Au cours du siècle dernier, un touriste américain venu rendre visite à un rabbin polonais réputé, Hofetz Chaim, fut étonné de voir que la maison du rabbin était une simple pièce remplie de livres avec seulement une table et un banc.

"Rabbi, demanda le touriste, où sont vos meubles ?

– Où sont les vôtres ? répliqua Hofetz Chaim.

– Les miens ? demanda l'Américain intrigué, mais je ne fais que passer.

– Moi aussi, dit le rabbin, je ne fais que passer."

Récit hassidique.

La paix exige d'abandonner
notre illusion de vouloir contrôler.
Nous pouvons aimer les autres
mais nous ne possédons pas
nos enfants, notre compagne ou notre compagnon,
notre famille, nos amis.
Nous pouvons les aider, prier pour eux et leur souhaiter
que tout se passe pour le mieux,
mais, en définitive,
leur bonheur et leur souffrance
dépendent de leurs pensées et de leurs actions
et non de nos souhaits.

À trop vouloir faire le bien, on peut en perdre son centre.

~ Se laisser emporter par une multitude de problèmes conflictuels, répondre à trop de sollicitations, s'engager dans trop de projets, vouloir aider tout le monde en toute chose, c'est succomber à la violence de notre époque.

Thomas Merton.

La vérité,
c'est qu'il y aura toujours des difficultés
quel que soit le chemin suivi.

Voici ce qu'en a dit *Toni Murden*, la première femme à avoir traversé l'océan Atlantique à la rame en solitaire :

~ Si vous savez ce que ça fait de se retrouver toute seule en plein milieu de l'océan, dans le noir, à avoir peur, cela vous donne une impression de ce que traverse chaque être humain. J'ai traversé à la rame un océan tout entier. Les autres ont autant d'obstacles à traverser.

Sommes-nous capables d'accepter cette vérité ?

Le Seigneur prend
et le Seigneur enlève.

Comme nous le rappelle l'*Ecclésiaste* :

~ Il y a un moment pour tout et un temps pour toute chose sous le ciel.
Un temps pour enfanter et un temps pour mourir ;
un temps pour planter,
et un temps pour arracher le plant.
Un temps pour tuer,
et un temps pour guérir ;
un temps pour détruire,
et un temps pour bâtir.
Un temps pour pleurer,
et un temps pour rire ;
un temps pour gémir,
et un temps pour danser.

Le *Tao* nous enseigne également :

~ Il y a un temps pour être devant,
un temps pour être derrière ;
un temps pour être en mouvement,
un temps pour être au repos ;
un temps pour être vigoureux,
un temps pour être épuisé ;
un temps pour être en sécurité,
un temps pour être en danger.

Le maître voit les choses telles qu'elles sont,
sans essayer de les contrôler.
Il les laisse aller leur propre chemin
et demeure au centre du cercle.

Lâcher prise ne veut pas dire
se débarrasser.

Lâcher prise signifie
laisser être.

En laissant les choses
être ce qu'elles sont
avec compassion,
elles vont et viennent
d'elles-mêmes.

Nous pouvons diriger nos actions, mais pas leurs fruits.

~ Le secret de la liberté humaine, c'est d'agir en étant détaché du fruit de ses actes.

Bhagavad Gita.

Si l'on s'écarte du chemin, de nouvelles choses naissent.

~ Une graine ne peut jamais voir la fleur.

Enseignement zen.

Sans la compréhension,
nos soucis et nos pensées
créent de graves problèmes inutiles.

~ Ma vie est une somme de terribles malheurs –
dont la plupart ne sont jamais arrivés.

Mark Twain.

Nous savons que la vie change sans cesse.
Même si les événements extérieurs sont difficiles,
la clé de notre bonheur
réside dans la manière de répondre de notre
esprit.

~ La plupart des gens croient que leur esprit est un miroir qui reflète plus ou moins bien le monde extérieur, alors qu'en réalité l'esprit lui-même est le principal élément de la création.

Rabindranath Tagore.

L'esprit crée à la fois
les complications du monde
et la liberté de s'en défaire.

Il ne s'agit pourtant pas de grand-chose –
seulement de pensées.

À partir du moment où l'on reconnaît que les
pensées sont vides,
l'esprit n'a plus le pouvoir de nous tromper.

Khyentse Rimpoche.

Vous pouvez vous perdre dans vos pensées et dans vos peurs,
mais vous pouvez aussi vous souvenir de respirer,
d'adoucir le cœur et de faire confiance.

~ Lorsqu'il m'arrive
de m'apitoyer sur moi-même,
je suis emporté
par de grands vents
dans le ciel.

Indien Ojibway.

Vous pouvez lutter contre ce qui est,
juger et accuser les autres ou vous-même,
mais vous pouvez aussi accepter ce qui ne peut être changé.
La paix vient d'un
cœur honorable et ouvert
qui accepte ce qui est vrai.

Que voulez-vous : rester enlisé
ou vous libérer des sentiments de crainte
et vous poser avec douceur là où vous êtes ?

L'art de vivre... ce n'est ni se laisser aller avec insouciance, ni rester craintivement figé dans le passé. C'est être sensible à chaque instant, le regarder comme quelque chose de totalement nouveau et unique et garder l'esprit ouvert et totalement réceptif.

Alan Watts.

Pour vivre ici et maintenant vous devez vous entraîner : dans ce que vous voyez, il n'y a que ce que vous voyez ; dans ce que vous entendez, il n'y a que ce que vous entendez ; dans ce que vous sentez il n'y a que ce que vous sentez ; et dans la pensée il n'y a que la pensée. C'est la fin de la souffrance.

Le Bouddha.

Qu'auriez-vous besoin
de regarder avec compassion
pour être en paix ici et maintenant ?

À quoi auriez-vous besoin
de renoncer
pour être en paix ici et maintenant ?

Tel un voyageur dans un train,
nous pouvons déposer nos bagages.
Nous pouvons nous détendre
et faire confiance à la vie.

Ne vous inquiétez pas.
Il y a une toile de vie
dans laquelle nous sommes nés,
et dont nous ne pourrons jamais tomber.

~ Nous faisons partie d'un réseau inéluctable de mutualité. Nous sommes tissés dans une seule et même étoffe de destinée.

Martin Luther King Jr.

Chacun d'entre nous ne joue qu'une petite partie et pourtant chacun contribue au tout.

~ "Dis-moi combien pèse un flocon de neige", demanda une mésange noire à une colombe.

"Absolument rien" fut la réponse.

"Alors il faut que je te raconte une histoire merveilleuse", dit la mésange noire.

"L'autre jour, j'étais assise sur la branche d'un sapin, tout près du tronc, quand il s'est mis à neiger. Pas très fort, pas une grosse bourrasque, non, juste comme dans un rêve, sans aucune violence. Comme je n'avais rien de mieux à faire, j'ai compté les flocons de neige qui venaient se poser sur les brindilles et les aiguilles de ma branche. Il y en a eu exactement 3 741 952. Au moment où un nouveau flocon a atterri sur ma branche, c'est-à-dire absolument rien, comme tu disais – la branche s'est brisée."

Après quoi la mésange noire s'envola. La colombe, une autorité en matière de changement depuis l'époque de Noé, réfléchit quelques instants à cette histoire et finit par se dire intérieurement :

“Il ne manque peut-être que la voix d’une seule personne pour que la paix advienne dans le monde.”

Kurt Kauter.

Je ne crois pas qu'une plante puisse pousser s'il n'y a pas de graine, mais j'ai beaucoup de foi dans une graine. Si vous parvenez à me convaincre qu'il y a une graine, alors je m'attends à des merveilles.

Henry David Thoreau.

Nous pouvons planter nos graines
et notre confiance.
C'est ainsi que nous trouvons notre centre.

Ô noblement né…
plante des graines de compassion
et lâche prise dans la vaste conscience
qui contient tout ce qui est.
Sois là dans l'éternel présent.
Qu'il soit ton lieu de repos,
ta sécurité, ta demeure.

Dans une corrida, il y a un endroit dans l'arène où le taureau se sent en sécurité. S'il peut atteindre ce lieu, il cesse de courir et peut rassembler toute sa force. Il n'a plus peur… C'est au matador de savoir où se trouve ce sanctuaire et de faire en sorte que le taureau n'ait pas le temps d'occuper ce lieu de plénitude.

Cet endroit de refuge pour le taureau s'appelle la querencia. Pour les humains, la querencia est l'endroit sûr dans notre monde intérieur… Aux yeux du matador, quelqu'un qui a trouvé sa querencia est calme et paisible, sage. Il a rassemblé sa force.

Rachel Naomi Remen.

Avec équanimité, on peut voir les choses clairement.

~ Faites en sorte que votre esprit soit aussi limpide que l'eau. Lorsque les gens s'assembleront autour de vous, ils verront leur propre image. Et du fait de votre calme, ils vivront une vie plus claire et peut-être même plus intense.

William Butler Yeats.

À partir de ce centre de sérénité
nous pouvons entrer dans la vie pleinement
en ayant le cœur libre.

~ Un homme ou une femme de savoir
transpire et halète comme une personne ordinaire.
Mais la folie de leur vie
est maîtrisée.

Don Juan.

Une histoire zen raconte qu'à une époque de guerre civile en Corée, un général conduisait ses troupes de province en province et envahissait tout sur son passage. Les habitants de la ville qui avaient entendu parler de sa cruauté s'enfuirent tous dans les montagnes quand ils surent qu'il allait arriver. La ville était vide quand le général y pénétra avec ses troupes et envoya ses hommes en reconnaissance. Des soldats revinrent annoncer qu'une seule personne était restée dans la ville, un prêtre zen. Le général marcha à grands pas vers le temple. Une fois dans le temple, il brandit son épée en disant : "Ne savez-vous pas qui je suis ? Je suis capable de vous couper en deux sans sourciller."

Le maître zen le regarda droit dans les yeux et lui répliqua calmement : "Et moi, Monsieur, on peut me couper en deux sans me faire sourciller." Après quoi le général s'inclina et partit.

La sagesse vient de la perspective avec laquelle
nous voyons les choses.
Notre vie s'écoule
dans les galaxies éternelles.
Nous tournons avec les étoiles
dans des cycles de lumière et de ténèbres,
de naissance et de mort,
de joie et de peine.

Percevez que vous n'avez pas encore été engendré, que vous êtes dans la matrice, que vous êtes jeune, que vous êtes vieux, que vous êtes mort, que vous êtes dans le monde au-delà de la tombe.

Saisissez tout cela dans votre esprit, tous les temps, tous les lieux, toutes les substances, toutes les qualités et toutes les intensités. Vous pourrez alors commencer à voir avec l'œil du divin.

Hermès Trismégiste.

Avec une vue large, la vie devient jeu.

~ Vous avez huit ans. C'est samedi soir. Vous avez le droit d'aller vous coucher une heure plus tard que d'habitude.

La famille joue au Monopoly et ils vous ont jugé assez grand pour jouer avec eux.

Vous perdez. Vous n'arrêtez pas de perdre. Vous ne possédez presque plus rien. Vous n'avez pratiquement plus d'argent. Vos frères vous prennent toutes vos maisons sur vos terrains. Votre dernier terrain est vendu. Vous devez abandonner la partie. Vous avez perdu.

Soudain, vous vous souvenez que ce n'est qu'un jeu. Vous sautez de joie et, en sautant, vous heurtez accidentellement la lampe. Elle tombe par terre, entraînant la théière dans sa chute. Les autres sont fâchés mais vous riez en montant les escaliers.

Vous savez, parce que vous avez connu la joie de n'être rien et de ne rien avoir. Et cela vous procure une liberté incommensurable.

Janwillem Van de Wetering.

Nous pouvons sentir les vagues qui ne cessent de
changer autour de nous,
nous pouvons respirer et nous détendre.
Nous pouvons nous reposer dans le présent
éternel,
là où tout est en paix.
Nous pouvons apprendre que quoi qu'il arrive,
nous sommes chez nous.

~ À présent, nous allons regarder
quelque chose d'assez spécial :
Un canard qui vogue sur l'océan
à une trentaine de mètres au-dessus de la surface,
se laissant porter par la houle
La mer est agitée
et il en fait partie.
Il peut se reposer dans les remous
parce qu'il s'appuie sur l'Atlantique.
Il ne connaît probablement pas l'étendue de
l'océan.
Vous non plus.
Mais il en a conscience.
Et que fait-il, je vous le demande ?
Il se pose dedans.

Il repose dans l'immédiat
comme si c'était l'infini – ce qu'il est.
C'est la religion et le canard la possède.
Et vous ?

Donald C. Babcok.

Les enseignements du *Bouddha* nous rappellent de considérer ce monde éphémère comme :

~ Une étoile à l'aube
Un éclair dans un ciel d'été
Un écho
Un arc-en-ciel
Un fantôme et
Un rêve.

Soutra du diamant.

Quand nous voyons à quelle vitesse
les jours défilent,
la vie devient d'autant plus précieuse ;
l'or lumineux d'un coucher de soleil,
l'érable à l'automne,
le regard de notre bien-aimé.

~ Il n'y a qu'un monde, le monde qui fait pression sur vous en cette minute. Il n'y a qu'une minute où vous êtes vivant, cette minute ici et maintenant. La seule façon de vivre est d'accepter chaque minute comme un miracle qui ne va pas se répéter.

Storm Jameson.

Si tu es vraiment présent
partout où tu te trouves,
tu apporteras la paix.

~ Celui qui est centré dans le Tao
peut aller partout sans craindre le danger.
Il perçoit l'harmonie universelle,
même au cœur d'une grande souffrance,
car il a trouvé la paix dans son cœur.

Tao Te King.

N'ayez pas peur de donner une chance à la paix,
d'enseigner la paix,
de vivre en paix…
La paix sera le dernier mot de l'histoire.

Jean-Paul II

Tout ira bien,
tout ira bien,
quoi qu'il arrive.

Julienne de Norwich.

Méditation sur l'équanimité et la paix

Pour cultiver les qualités de la paix et de l'équanimité, asseyez-vous dans une position confortable et gardez les yeux fermés. Soyez attentif à votre respiration jusqu'à ce que votre corps et votre esprit soient calmes. Réfléchissez un moment aux avantages d'avoir l'esprit équilibré et équanime. Soyez conscient du bien que vous faites en offrant un cœur paisible au monde qui vous entoure. Détendez-vous de manière à ressentir un équilibre et un bien-être intérieurs. Puis, à chaque respiration, commencez à répéter doucement ce genre de phrases :

J'inspire, je calme mon corps.
J'expire, je calme mon esprit.
Puissé-je être en équilibre.
Puissé-je être en paix.

Continuez à répéter ces phrases jusqu'à trouver la paix du corps et de l'esprit.

Ensuite, passez d'un sentiment de sérénité à une vaste équanimité. Reconnaissez que toutes les choses créées apparaissent et disparaissent : les joies comme les peines, les événements agréables comme les événements douloureux, les gens, les édifices, les animaux, les nations et même des civilisations entières. Continuez à demeurer dans cette équanimité.

Puissé-je apprendre à voir l'apparition et la disparition de toutes choses avec équanimité et équilibre.
Puissé-je être ouvert, équilibré et serein.

Après avoir établi un sentiment d'équanimité et de sérénité, commencez à visualiser les personnes que vous aimez une par une. Récitez avec soin ces simples phrases :

Puisses-tu apprendre à voir l'apparition et la disparition de toutes choses avec équanimité et équilibre.
Puisses-tu être ouvert, équilibré et serein.

Enveloppez de paix l'image de chacune des personnes qui vous sont chères. Continuez de votre mieux en respirant doucement, en leur souhaitant patiemment de trouver la paix.

Quand la qualité d'équanimité et de sérénité aura suffisamment grandi en vous, vous pourrez commencer à intégrer d'autres personnes dans votre méditation. Commencez par ceux qui vous montrent de l'affection, ceux qui prennent soin de vous. Visualisez chaque personne une à une, récitez intérieurement les mêmes phrases et souhaitez-leur de trouver la paix. Puis, élargissez progressivement le cercle de méditation afin d'y inclure tout le monde : les amis, les voisins, les gens neutres, les animaux, tous les êtres, la terre.

Puisses-tu apprendre à voir l'apparition et la disparition de toutes choses avec équanimité et équilibre.
Puisses-tu être ouvert, équilibré et serein.

Enfin, vous pourrez inclure les personnes qui vous créent des difficultés, même vos ennemis, et leur souhaiter à eux aussi de trouver l'équanimité et la paix.

Lorsqu'on visualise chaque personne, la tradition nous invite à reconnaître que tous les êtres héritent de leur propre karma. Tous les êtres récoltent les fruits de leurs actions. Leur vie apparaît et disparaît en fonction de leurs actes. Nous pouvons les aimer de notre mieux, mais en définitive, nous ne pouvons pas agir ni lâcher prise pour eux ni aimer à leur place. Si cela peut vous aider à vous libérer le cœur, vous pouvez réciter la phrase suivante :

Ton bonheur et ta souffrance dépendent de tes actes et non de ce que je peux te souhaiter de mieux.

En pensant avec sagesse aux êtres et à leurs actions, vous pouvez à présent les visualiser l'un après l'autre et revenir à ces simples phrases :

Puisse ton cœur trouver la paix.
Puisses-tu trouver l'équilibre et la paix.
Puisses-tu faire face à tout ce qui t'arrive
avec compassion et équanimité.

Continuez cette pratique aussi longtemps et aussi souvent que vous le souhaitez en respirant et en établissant votre cœur dans la grande paix naturelle.

Autres pratiques pour développer l'équanimité et la sérénité :

Les méditations qui suivent visent à apaiser l'esprit et à ouvrir le cœur. Elles invitent à la sagesse, à l'ouverture et à la sérénité. Explorez tous ces états. Expérimentez comment chaque image et chaque pratique peut être une porte pour accéder à la liberté et à la paix.

L'esprit semblable à l'océan

~ Développez un esprit aussi vaste que l'eau,
un esprit où les expériences agréables et
désagréables
peuvent apparaître et disparaître sans conflit,
sans lutter et sans causer de tort.
Demeurez dans un esprit aussi vaste que l'océan

Le Bouddha.

Asseyez-vous confortablement et détendez-vous. Laissez votre corps se reposer et respirez naturellement. Fermez les yeux. Faites plusieurs respirations complètes et restez immobile.

À présent, sentez, ressentez ou imaginez que votre esprit est pareil à un vaste océan. Imaginez que vous êtes dans les profondeurs de l'océan, dans le silence et le bien-être. Flottez comme si vous étiez au fond de l'océan, détendez-vous et demeurez dans l'eau vaste et tranquille. Observez comment des vagues de sons, de sensations et de pensées surgissent dans cet océan et voyez comme l'océan reste inébranlable. Laissez les pensées et les images aller et venir comme des vagues à la surface. Laissez les sons et les sensations flotter et changer à leur guise. Laissez toutes les expériences de méditation apparaître, passer et évoluer sans résistance, disparaître sans lutter.

Demeurez dans la sérénité qui est profondeur et silence. Laissez votre esprit devenir comme l'eau et accepter toutes les choses sans être troublé et en restant calme.

Demeurez ainsi jusqu'à ce que vous vous sentiez vraiment revivifié et apaisé. Puis, revenez doucement au monde en gardant votre sérénité.

L'esprit semblable à un miroir

~ Nettoyez le miroir de votre esprit.
Ni esprit ni miroir à nettoyer.

Dicton zen.

Asseyez-vous confortablement et établissez-vous tranquillement ici et maintenant en apportant toute votre présence sur terre. Inspirez pleinement plusieurs fois et expirez doucement. Détendez-vous.

À présent, devenez encore plus présent, plus alerte. Imaginez votre esprit tel un vaste miroir qui serait situé derrière vous. Ce miroir est clair, brillant et lisse comme du verre ; il reflète parfaitement les choses et n'est pas terni par tout ce qui s'y reflète.

Voyez comment toutes les images et les pensées, les joies et les peines, les projets et les souvenirs qui surgissent sont simplement reflétés tels qu'ils sont, sans laisser de place pour le jugement, la saisie ou l'aversion. Les pensées et les sentiments, les sons et les sensations apparaissent et sont perçus dans le miroir comme des images incapables de vous nuire ou de vous troubler.

Gardez l'esprit semblable à un miroir pendant un temps, puis revenez au monde avec cette clarté, cette non-réactivité et cette paix intérieure.

L’esprit semblable au ciel

~ Développez un esprit aussi vaste que l’espace où les expériences agréables comme désagréables peuvent apparaître et disparaître sans conflit ni lutte et sans causer de tort. Demeurez dans un esprit aussi vaste que le ciel.

Le Bouddha.

Asseyez-vous confortablement et détendez-vous. Relâchez votre corps et respirez naturellement. Fermez les yeux ou asseyez-vous dans un endroit où vous pourrez regarder loin devant vous. Inspirez pleinement plusieurs fois et expirez doucement. Appréciez l’immobilité.

Après avoir pris conscience de votre respiration, commencez par écouter les sons qui vous entourent. Remarquez ceux qui sont forts et légers, lointains et proches. Contentez-vous d’écouter. Observez comment tous les sons apparaissent et s’évanouissent sans laisser de trace. Continuez à écouter ainsi quelque temps d’une manière détendue et ouverte.

Tout en écoutant, ressentez ou imaginez que votre esprit n'est pas limité à votre tête. Ressentez que votre esprit se dilate pour être pareil au ciel, ouvert et clair et vaste comme l'espace. Il n'y a pas d'intérieur ni d'extérieur. Développez la conscience de votre esprit semblable au ciel dans toutes les directions.

À présent, les sons que vous entendez vont surgir et disparaître dans l'espace ouvert de votre propre esprit. Détendez-vous dans cette ouverture et contentez-vous d'écouter. Laissez les sons qui vont et viennent, lointains ou proches, être semblables à des nuages dans le vaste ciel de votre propre conscience. Le jeu des sons se déplace dans le ciel, apparaît et disparaît sans résistance.

Tout en demeurant dans cette conscience ouverte, remarquez comment les pensées et les images vont et viennent comme les sons. Laissez les pensées et les images aller et venir sans lutter ni résister. Les pensées agréables et désagréables, les images, les mots et les sensations se déplacent de manière illimitée dans l'espace de l'esprit. Les problèmes, les possibilités, les joies et les chagrins vont et viennent comme des nuages dans le ciel clair de l'esprit.

Au bout d'un moment, observez votre corps avec cette conscience spacieuse. Devenez conscient de la manière dont les sensations de la respiration et du corps sont flottantes et changeantes dans ce ciel ouvert de la conscience. La respiration respire d'elle-même, elle se déplace comme une brise légère. Le corps n'est pas solide. Il est ressenti comme des zones de dureté et de douceur, de pression, des sensations chaudes et froides, flottant dans l'espace de la conscience de l'esprit.

Laissez la respiration aller telle une brise. Restez dans cette ouverture. Les sensations flottent et changent. Les pensées et les images, les sensations et les sons vont et viennent comme des nuages dans l'espace clair et ouvert de la conscience.

Pour finir, soyez attentif à la conscience elle-même. Observez comme l'espace ouvert de conscience est naturellement clair, transparent, éternel, sans conflit, laissant être toutes les choses sans y être limité.

"Ô noblement né, souviens-toi du ciel pur et ouvert de ta nature véritable. Tu peux y retourner et lui faire confiance. C'est ta demeure."

Que ces paroles et ces pratiques de pardon, de bienveillance et de paix éveillent votre sagesse intérieure et vous inspirent la compassion.

Puissiez-vous être en bonne santé.
Puissiez-vous être heureux.
Puissiez-vous être en paix.
Et qu'à travers votre cœur aimant
le monde trouve la paix.

Shanti, shanti, shanti.
Paix.

Remerciements

J'offre ma gratitude à tous mes maîtres et à la lignée des Aînés qui n'ont cessé d'offrir ces enseignements. Je m'incline particulièrement devant Maha Ghosananda, le "Gandhi" bien-aimé du Cambodge qui incarne fidèlement l'amour bienveillant pour beaucoup d'entre nous.

Les méditations présentées dans ce livre sont représentatives des pratiques bouddhiques traditionnelles. Pour les pratiques de "L'esprit semblable au ciel" et "La méditation sur la réconciliation" je souhaite remercier Joseph Goldstein et Philip Moffitt respectivement. Je tiens à remercier Norman Fischer pour ce qu'il a enseigné sur la gratitude. Dans le même esprit, je remercie tous les collègues enseignants pour ce qu'ils m'ont apporté.

Toni Burbank, ma directrice éditoriale chez Bantam Books, a amélioré ces pages avec son habileté et sa délicatesse habituelles. Je ne pouvais pas souhaiter meilleur soutien littéraire. Je tiens également à remercier Julie Donovan qui a patiemment dactylographié tout le manuscrit.

Comme toujours, c'est auprès de ma famille que j'apprends le plus sur la bienveillance, auprès de mes frères Laurence, Irv et Kenneth, de mon étonnante épouse Liana et de ma fille chérie Caroline.

Une grande partie des histoires de ce livre ont été racontées de multiples manières. Elles font partie de notre héritage universel car elles portent en elles la sagesse vivante des générations passées. Elles sont re-racontées dans l'enfance, autour du feu, dans les textes sacrés ou par un maître respecté. Elles ne sont presque jamais "nouvelles". Ce sont les histoires de notre cœur humain. Dans la mesure du possible, les autorisations indiquées à la page suivante correspondent aux sources actuelles que j'ai pu trouver, mais ces histoires sont finalement des portes que nous partageons tous.

Pour tous ces textes, je tiens à remercier tous leurs auteurs et traducteurs.

Sources et autorisations

Je tiens à exprimer toute ma reconnaissance aux éditeurs et aux auteurs suivants pour les extraits et citations tirés de leurs livres :

Découvrir un sens à la vie de Viktor E. Frankl. Éditions de l'Homme, 1988.

Owning Your Own Shadow de Robert A. Jonhson. Copyright 1991, Robert A. Jonhson. Harper Collins Publishers, Inc.

Le Dhammapada, les dits du Bouddha. Seuil, 2002.

Le Drame de l'enfant doué d'Alice Miller. PUF, 1993.

Les Bastions de la peur : pratique du courage dans les moments difficiles de Pema Chödrön. Éditions de La Table Ronde, 2002.

The Best of Bits and Pieces, auteur inconnu. Arrangement avec Economic Press.

Les Femmes et le sens de l'honneur d'Adrienne Rich. Éditions Remue-ménage, 1982.

The Gift : Imagination and the Erotic Life of Property de Lewis Hyde. Vintage Books, 1983.

The Gift : Poems by Hafiz, The Great Sufi Master de Daniel Landinsky. Copyright 1999, Daniel Landinsky. Réimprimé avec la permission de l'auteur.

La Chair et le couteau de Richard Selzer. Copyright 1996, Richard Selzer. Réimprimé avec l'autorisation de Houghton Mifflin Co.

The Kabir Book : 44 of the Ecstatic Poems of Kabir de Robert Bly. Copyright 1971, 1977, Robert Bly. Réimprimé avec l'autorisation de Beacon Press.

Tao Te King, Lao Tseu. Albin Michel, 1984.

Le Miroir vide : dix-huit mois dans un monastère zen de Janwillen Van de Wetering. Rivages, 2000.

Table des matières

Cet ouvrage a été imprimé par la
SOCIÉTÉ NOUVELLE FIRMIN-DIDOT
Mesnil-sur-l'Estrée
pour le compte des Éditions de La Table Ronde
en mai 2003

Imprimé en France

Dépôt légal : mai 2003.
N° d'édition : 3683 – N° d'impression : 63607